STEVE VOLKE

Die KRAFT der VERSÖHNUNG

Ruanda: die unglaubliche Geschichte von Vital Nsengiyumva

BRUNNEN
Verlag GmbH · Giessen

Kinder aus Armut befreien
Compassion®
im Namen Jesu

Über den Autor:

Steve Volke (Jg. '61) lebt in Marburg, ist verheiratet mit Anke und Vater von 4 erwachsenen Töchtern. Der Journalist, Referent und Fotograf ist in seinem Hauptberuf CEO des Kinderhilfswerks Compassion (Marburg). Volke ist Autor von über 35 Titeln, von denen sechs in anderen Sprachen und Ländern veröffentlicht wurden.

MIX
Papier | Fördert gute Waldnutzung
FSC® C014496
FSC www.fsc.org

Lektorat: Stefan Loß
Umschlagfoto: Steve Volke, Marburg
Umschlaggestaltung: Carla-Annabell Muntean, Marburg
Satz: Brunnen Verlag
Druck: GGP Media GmbH, Pößneck
Gedruckt in Deutschland
ISBN Buch 978-3-7655-3655-7
ISBN E-Book 978-3-7655-7669-0

www.brunnen-verlag.de

Inhalt

1

Ruanda – die blühende Perle Ostafrikas

Ruanda – das „Land der tausend Hügel" in Ostafrika. Eine echte Perle mit wunderschönen Landschaften und unzähligen Tee- und Kaffeeplantagen. Kleine Dörfer zwischen Hügeln, atemberaubende Schönheit. Ruanda ist ein Binnenstaat zwischen Uganda, Tansania, Burundi und der Demokratischen Republik Kongo gelegen.

Ruanda – das Land der Berggorillas, Elefanten, Flusspferde, Schimpansen, Löwen, Leoparden – und jeder Menge Kühe, Ziegen und Schafe. Atemberaubende Landschaften, eine Natur voller Tierreichtum und nebelverhangener Berge der Ur- und Regenwälder. All das prägt Ruanda und hat dem Land bei Europäern den Ruf der „Toskana Ostafrikas" eingebracht.

Ein Traum, wäre da nicht auch die andere Seite des Landes, die Ruanda 1994 fast in Schutt und Asche gelegt hätte: der Völkermord an den Tutsi. Knapp eine Million Menschen verloren ihr Leben. Hass breitete sich aus. Freunde wurden zu Feinden, Nachbarn zu Gegnern, Jugendliche zu Mördern, Priester und Kirchen zu Verrätern, Weltpolitiker zu ignoranten Versagern, die Vereinten Nationen (UN) zu Feiglingen, Frankreich, Belgien und Deutschland zu üblen Mittätern aus der Ferne.

Wer wissen will, wie Hass geboren wird und was er bewirken kann, muss sich die Geschichte Ruandas anschauen.

Mittendrin ein vierjähriges Kind, das mit seinen Eltern und acht Geschwistern über Nacht zum Flüchtling wird: Vital Nsengiyumva.

Eine andere Geschichte. Eine Geschichte von Verrat unter Nachbarn, von Mord und Totschlag, von existenziellen Ängsten, aber auch von der Kraft der Versöhnung, die ein Land, ein Dorf, eine Familie ergreift – und die doch noch lange nicht zu Ende ist.

Versöhnung muss gelebt werden. Hass, Rachegedanken und Vergeltung versuchen immer wieder neu die Oberhand zu gewinnen. Dennoch: Versöhnung kann geschehen, wenn wir die Kraft der Liebe Gottes durch uns hindurchfließen lassen. Das hat Auswirkungen auf unser ganzes Leben – auch darüber werden wir in diesem Buch sprechen.

Ich habe mich auf den Weg gemacht, um Vital in seine alte Heimat zu begleiten. Das Dorf Magu liegt etwa anderthalb Stunden entfernt im Süden der Hauptstadt Kigali. Hier ist Vital aufgewachsen, hier hat er seine Kindheit verbracht. Als wir losfahren, lichtet sich der Nebel langsam über dem Tal. Aufgesogen von der Kraft der Sonne. Es ist noch früh am Morgen und ich sitze im Mini-Van. Es geht über hügelige Straßen, vorbei an tiefen Tälern und im wahrsten Sinn über Stock und Stein.

Nach gut anderthalbstündiger Fahrt haben wir unseren Zielort erreicht: Magu Village. Das Dorf, in dem 1994 alles begann: Vitals Vater wurde im Genozid getötet, der Mörder kam aus der Nachbarschaft. Seine Mutter war traumatisiert, setzte aber alles daran, dass die Familie überlebte. Der Abstieg der Familie vom gehobenen Mittelstand hin zur Armut folgte in kürzester Zeit, trotzdem werden sieben der neun Geschwister später ein Universitätsstudium absolvieren und die gesamte Familie wird zu einem guten Leben zurückfinden.

Dabei hätte alles ganz anders kommen können,

- wenn da nicht eine aufopferungsvolle Mutter gewesen wäre, die ihre Familie mit viel Gottvertrauen, Entschlossenheit und Liebe durch eine sehr dunkle Zeit gebracht hätte.
- wenn es im nahen Ruyumba nicht eine Kirchengemeinde gegeben hätte, die sich um die Entwicklung der Kinder kümmerte und eine wichtige Rolle im Versöhnungsprozess spielte.

- wenn es nicht in einem anderen Teil der Welt Menschen wie Tanner Green gegeben hätte, die durch die Vermittlung des Kinderhilfswerkes Compassion Verantwortung für Kinder aus ärmsten Verhältnissen übernahmen.
- wenn es keine Menschen gegeben hätte, für die Worte wie Vergebung und Versöhnung trotz eigener schmerzvoller Erlebnisse und Erfahrungen keine Fremdworte waren.
- wenn es keinen Gott geben würde, dem Vital wichtig war und der sich um seinen Lebensweg gekümmert hat.

Und wenn …

… es da nicht die junge Frau aus Deutschland gegeben hätte, die ein Freiwilliges Soziales Jahr in Ruanda absolvierte und in die sich Vital wenige Wochen vor seiner Abreise zum Auslandsstudium in Deutschland Hals über Kopf verliebte. So viel sei verraten: Ihre Kinder sagen heute „Papa" zu Vital. Aber das ist nicht die einzige Geschichte, die dieses Buch erzählt.

„Ikaze", sagen die Menschen in Ruanda, wenn sie jemanden herzlich willkommen heißen.

Und dann fangen sie an zu erzählen …

„Ikaze!"

2

Ein Tag fürs Geschichtsbuch

Der 6. April 1994 sollte ein besonderer Tag werden, einer dieser Tage, die in die Geschichtsbücher eingehen würden. Der Tag des Triumphs am Ende eines schmerzhaften Friedensprozesses sollte so etwas wie ein neuer Feiertag für Ruanda werden. Das wurde er auch, aber ganz anders als gedacht.

Den ganzen Tag haben sie verhandelt, diskutiert und schließlich ihre Unterschriften unter ein Abkommen gesetzt, das einen über vier Jahre anhaltenden Bürgerkrieg beenden oder zumindest befrieden sollte. Die Verhandlungen bis zu diesem Tag waren langwierig, schwierig und kontrovers, aber nun war es endlich geschafft: Der Präsident von Ruanda, Juvénal Habyarimana, sein Präsidenten-Kollege aus Burundi, Cyprien Ntaryamira, und Vertreter der ruandischen Bevölkerungsgruppen der Hutu sowie der Tutsi trafen sich auf neutralem Boden im tansanischen Dar es Salaam, um die Menschen in ihrem Heimatland in eine friedliche Zukunft zu führen.

Den ganzen Tag über wurden in Einzeltreffen von verschiedenen Delegationen die Bedingungen und der Rahmen für ein friedliches Miteinander besprochen. Und schließlich ist es so weit: Ein Vertrag liegt auf dem Tisch, der von allen unterzeichnet wird. Auf Filmdokumenten wird später ein äußerst zufriedener Präsident Habyarimana zu sehen sein. Umarmungen aller Beteiligten. Zufriedene Gesichter. Erleichterte Stimmung macht sich im Verhandlungsraum breit. Ein Tag für das Geschichtsbuch.

Selbst auf dem Flugplatz in Dar es Salaam ist die hoffnungsvolle Stimmung mit Händen zu greifen. Kurz nach 17.00 Uhr dreht sich

Habyarimana auf der Treppe ins Flugzeug noch einmal um und lächelt zufrieden, wenn auch etwas müde in die Kameras. Es ist nicht das Lächeln eines Siegers, mehr das verhaltene Lächeln eines Mannes, dem etwas gelungen ist, das nicht einfach war. Er hebt kurz seine Hand, dreht sich um und verschwindet im Inneren der Präsidentenmaschine.

Habyarimana konnte wirklich zufrieden sein mit dem Ergebnis der Reise. Ein Etappenziel auf dem Weg in eine friedliche Zukunft für Ruanda schien heute erreicht zu sein. Jetzt würde es nach Hause gehen. Nach Hause in ein Land, das bald so ganz anders aussehen würde als in der Vergangenheit. Frieden! Endlich! Natürlich würde es noch sehr viel Arbeit geben, aber der Grundstein für ein versöhnliches Miteinander war jetzt gelegt.

Mit Habyarimana besteigen der Präsident Burundis als Verhandlungsleiter sowie sieben Delegationsbegleiter die Maschine. Sie werden von den drei Besatzungsmitgliedern freundlich in Empfang genommen. Dann schließt sich die Tür, alle Plätze sind besetzt. Aufatmen und Ausatmen nach einem anstrengenden Tag.

Was muss das für ein Gefühl gewesen sein? Ein glückliches Ende langwieriger Verhandlungen. Jetzt erleichtert und zufrieden nach Hause kommen, den Abend im Kreis der Familie genießen. Ein Kuss der Ehefrau, vielleicht ein Telefonat mit den Kindern, ein Gläschen Champagner oder mindestens ein großes Bier. Vielleicht rufen auch Freunde an, wollen kurz wissen, wie es gelaufen ist. So bringt man erfolgreiche Tage zu Ende. Selbst abgeklärte Politiker werden am Abend solcher Tage zu Menschen aus Fleisch und Blut. Ein inneres Schulterklopfen für sich selbst und dann in aller Ruhe mal endlich wieder zufrieden und lange schlafen.

Doch es sollte anders kommen.

Es ist 18.00 Uhr, als die Falcon 50 der ruandischen Regierung in die Dunkelheit über Dar es Salaam startet. Die Insassen ahnen nicht, was ihnen bevorsteht. Gestartet im Dunkeln, gelandet in der Hölle!

Wäre es ein Flug wie so viele andere gewesen, wer hätte sich später noch darum gekümmert? Doch dieser Flug wird in den nächsten Tagen und Jahren immer wieder untersucht und in allen Einzelheiten seziert. Bis heute gibt er Anlass zu unterschiedlichsten Spekulationen, denn immer noch verbergen sich die Ereignisse dieses Abends hinter einer Nebelwand. Die unbestrittenen Fakten sind:

Um 18.05 Uhr erhält der Fluglotse Patrice Muguneza am Airport Kigali die Nachricht, dass die Maschine des Präsidenten in Tansania gestartet sei. Die Ankunft in Kigali ist für 20.26 Uhr geplant. Etwa anderthalb Stunden später funkt der Pilot, dass das Flugzeug sich nun im ruandischen Luftraum befindet und mit einer planmäßigen Landung zu rechnen sei. Ein Trugschluss, wie sich bald herausstellte.

Um 20.10 Uhr erscheint die Maschine auf dem Radar des Flughafens Kigali. Etwa eine Viertelstunde später wird der Fahrer Futuna Makuba die Limousine des Präsidenten bereit machen, um das Gepäck möglichst schnell im Auto verstauen zu können. Der Präsident möchte gewöhnlich keine Zeit verlieren, wenn es auf den Weg nach Hause geht. Deshalb hat Makuba sein Fahrzeug bereits neben der Landebahn geparkt.

Er wird später zu Protokoll geben, er habe das Flugzeug des Präsidenten schon im Anflug gesehen, als plötzlich wie aus dem Nichts ein gelber Feuerball in der Luft auftauchte und die Maschine traf. Eine Rakete, gefolgt von einer weiteren, die das Flugzeug endgültig zum Absturz brachte.

Es sind solche Schockmomente, die sich bis ans Ende des Lebens ins Gedächtnis eingraben: Die lähmende Stille nach dem Knall, gefolgt von Tausenden Gedanken, die wild durch den Kopf fegen: Was zum Kuckuck war das? Was ist passiert? Wo ist das Flugzeug? Wer war das?

Später werden mehrere Versionen des Geschehens die Runde machen. Aber eins wird in diesem Moment allen Beobachtern klar geworden sein: Das war's! Das Flugzeug des Präsidenten ist mit zwei Raketen abgeschossen worden. Niemand hat das überlebt!

Dieser Tag, der 6. April 1994, geht tatsächlich in die Geschichtsbücher ein. Es ist der Startschuss für einen der größten Völkermorde der Menschheitsgeschichte. Innerhalb der nächsten drei Monate bis Mitte Juli werden 800.000 bis 1 Million Menschen ihr Leben verlieren. Schätzungen gehen davon aus, dass in dieser Zeit etwa 75 Prozent der in Ruanda lebenden Tutsi ermordet worden sind.

Ein Datum, das das Ende des seit 1990 tobenden, aktuellen Bürgerkrieges markieren sollte, wurde zum Startpunkt eines Völkermordes unvorstellbaren Ausmaßes.

Warum? Wer war für den Abschuss verantwortlich? Die einen wollten zwei französische Soldaten in Khaki-Anzügen vom Flughafen fliehen gesehen haben. Andere wiederum hatten angeblich Geheiminformationen über eine Tutsi-Gendarmerie, die als Spezialkommando extra für dieses Attentat ausgebildet worden sei. Wieder andere fanden heraus, dass die beiden Raketen russische SA-16-Raketen gewesen seien, die zum Beutegut der US-Armee aus dem zweiten Golfkrieg gehörten.

Im Jahr 2012, also 16 Jahre nach dem Attentat und dem darauffolgenden Genozid, fand eine durch die Tutsi mit der Untersuchung beauftragte Kommission heraus, dass die Raketen mit größter Wahrscheinlichkeit vom Kanombe-Hügel in der Nähe des Flughafens von Kigali abgefeuert worden waren. Dort befand sich das Hauptquartier der Präsidentengarde von Habyarimana.

Klar ist auch, dass die Ergebnisse der Verhandlungen von Dar es Salaam nicht allen gefallen haben. Der Vertrag sah vor, dass die Macht zwischen Hutu und Tutsi geteilt werden sollte. Die in früheren Bürgerkriegen ins benachbarte Ausland vertriebenen Tutsi sollten zurückkommen dürfen, ihnen sollten ihr Besitz und ihr Land zurückgegeben werden. Das hätte einen versteckten Sieg für die Ruandische Patriotische Front (RPF) bedeutet, die sich aus im Ausland lebenden Tutsi rekrutiert. Hutu-Extremisten aus dem engsten Kreis des Präsidenten sahen in dem Abkommen eine existenzielle Bedrohung und einen massiven Verlust an Macht für die Hutu.

Diese Männer waren nicht nur gegen den Versöhnungsprozess, sondern hatten eigentlich die totale Ausrottung der Tutsi im Sinn. Und dieses Ziel wollten sie nicht aufgeben, selbst nicht, wenn das die Ermordung ihres eigenen Präsidenten bedeuten würde.

Eine unrühmliche Rolle soll dabei einer der engsten Vertrauten des Präsidenten gespielt haben, Oberst Bagosora. Er war mit den Reiseplänen bestens vertraut und stand am 6. April in ständiger Verbindung mit seinen Leuten. In der Nacht vor dem Attentat hatte er die Zusammensetzung der Delegation noch ändern können und so Spitzel im direkten Präsidenten-Team platzieren können. Die informierten ihn über Abflugzeit und Verlauf des Fluges. Außerdem stellte er sicher, dass einer seiner größten Widersacher, Generalstabschef Déogratias Nsabimana, ebenfalls zur Verhandlungsdelegation des Präsidenten gehörte. Auch er kam bei dem Attentat ums Leben, wie alle anderen zwölf Flugzeuginsassen.

Mindestens eine der Raketen hatte die linke Tragfläche und den Rumpf getroffen. Das führte dazu, dass das Flugzeug auf das Gelände der Präsidentenresidenz in Kanombe stürzte.

Der Hutu-Präsident ist nach Hause gekommen. Zum letzten Mal.

3

Der Tag, an dem alles anders wurde

Wie groß war eigentlich deine Schultüte am ersten Schultag und was war drin? Wo musstest du während der Führerscheinprüfung langfahren? Was hattest du bei deiner Abschlussprüfung an der Uni an? Was hast du an dem Tag der Geburt eures ersten Kindes zu Mittag gegessen. Es sind diese kleinen Dinge, die uns später ziemlich egal sind, obwohl es sich um wichtige Tage in unserem Leben handelt.

Andere Situationen vergessen wir niemals, obwohl sie sehr wahrscheinlich viel weniger mit unserem eigenen Leben zu tun haben:

Wo warst du, als die Flugzeuge beim Anschlag auf das World Trade Center am 11. September 2001 in New York in die Türme geflogen sind? Die meisten von uns wissen das.

Wo und wie hast du erfahren, dass die Berliner Mauer geöffnet wurde? Selbstverständlich weiß ich das noch sehr genau. So etwas vergisst man doch nie!

Fußball-WM 2014. Deutschland wird in Brasilien nach '54, '72 und '90 zum vierten Mal Weltmeister. Und du warst wo? Na klar, weiß ich das noch!

„Vital, wo warst du eigentlich, als der Genozid losbrach?" Und schon merke ich, wie dumm meine Frage ankommen muss. Vital war damals gerade mal vier Jahre alt. Trotzdem kann er sich heute noch an diese Zeit erinnern – zumindest schemenhaft. An den Tag, an dem die Hölle losbrach und der Teufel das Regime übernommen zu haben schien. Der Tag, an dem „Gott das Land verließ", wie ein Filmtitel über den Genozid es später formuliert.

Regenzeit 1994. April-Tage in der Village Magu. „Normalerweise werden wir da nicht gerade draußen auf dem Feld gewesen sein“, antwortet Vital auf meine Frage. Natürlich nicht. Andere Überlebende des Genozids werden später berichten, dass sie bis heute zur Regenzeit immer sehr traurig werden. Die Erinnerungen schmerzen immer noch.

„Es war so gegen 4 Uhr nachmittags am Tag nach dem Attentat auf den Präsidenten“, beginnt Vital sich zu erinnern. Seine Stimme stockt immer wieder, wenn er von dem Tag erzählt, der sein bis dahin junges, zufriedenes und glückliches Leben grundlegend verändern würde. „Mein Bruder Pascal kam ins Haus gelaufen und berichtete aufgewühlt von Kämpfen, die er im Nachbarort gesehen hatte. Soldaten hatten auf einem Hügel in der Nähe, dem ‚Ku nkambi‘, aufeinander geschossen.“

Geistesgegenwärtig forderte er die Familie auf zu fliehen. Pascal rannte zur Weide und versuchte, das Schloss am Tor zu öffnen, um die Kühe rauszulassen. Weil er den Schlüssel in der Hektik nicht fand, brach er das Schloss auf und trieb die Kühe aus dem Verschlag. „Ich weiß noch, wie wir schnell unsere Sachen im Haus zusammenpackten und uns innerhalb von Minuten mit dem Allernötigsten auf die Flucht begaben. Wir sahen schlimme Szenen. Mir wurde selbst als kleiner Junge schlagartig bewusst, dass etwas sehr Böses im Gang sein musste.“

Vital hält ein wenig inne, um sich die damalige Situation so vor Augen zu holen, wie er sie erinnert. Einiges ist ihm auch später immer wieder erzählt worden, sodass die eigenen Erinnerungen des damals Vierjährigen mit denen seiner Geschwister sicher ineinanderfließen: „Die Idee von Pascal war, die Kühe in Sicherheit zu bringen. Er wollte sie zu einem Freund bringen, der auf einem anderen Hügel lebte. So ging Pascal vor. Unsere Familie würde ihm wenig später folgen.“

Als zweitältester Sohn hatte Pascal damals schon eine besondere Stellung in der Familie. „Wir wollten zu unserem anderen Haus, um zu sehen, ob wir dort in Sicherheit wären. Als wir ankamen, war Pascal mit den Kühen auch dort. Seine Freunde hatten ihr Zuhause verlassen und so war er auch zu unserem anderen Haus gegangen."

Wie war es in der eigenen Verwandtschaft? Waren viele Familienmitglieder in die Kämpfe verwickelt? „Ja, leider. Aus meiner Familie sind über 100 Menschen im Genozid umgekommen. In Afrika gibt es einen sehr engen Familienzusammenhalt. Und so kamen auch in der Nacht unserer Flucht viele Verwandte auf unser Grundstück. In den umliegenden Dörfern tobten bereits die Kämpfe zwischen Hutu und Tutsi. Es war böse, schrecklich, unmenschlich, ja es war teuflisch. Die Leichen stapelten sich auf den Straßen, in den Gebäuden, auf den Marktplätzen, selbst auf den Kirchplätzen und vor allem in den Kirchen wurden Blutbäder von unglaublichem Ausmaß angerichtet."

Vitals Vater, so erzählt er, habe immer versucht, zu beschwichtigen und den Hass nicht zu schüren. Er selbst war Hutu, Vitals Mutter war Tutsi. „Spielte das in eurer Familie irgendwann mal irgendeine Rolle?", will ich wissen. „Nein, nie! Wer Tutsi oder Hutu war, das war uns ziemlich egal. Es hatte keine Auswirkungen darauf, wie meine Eltern die Menschen sahen oder behandelten. Meine Eltern waren Christen. Das bestimmte ihre Sichtweise auf das Leben und auf andere Menschen."

Vielleicht spielte dabei zusätzlich noch die Bildung eine Rolle. Denn Vitals Vater, Manasse Gahakwa, hatte eine höhere Schulbildung, seine Mutter, Alphonsine Mukandoli, hatte die Grundschule abgeschlossen. Das mag nicht besonders klingen, aber in einem Land, wo zum damaligen Zeitpunkt Frauen eher gar keine Schulbildung bekamen, war das bereits eine Besonderheit.

Vitals Familie gehörte zur Mittelschicht. Der Vater arbeitete als Grundschullehrer, die Mutter betrieb an ihrem Haus eine gut gehende Boutique für das Dorf mit unterschiedlichen Dingen des täglichen Bedarfs. „Unser Leben war bis dahin sehr gut", erzählt Vital. „Wir hatten keine Probleme, unser Leben zu bewältigen. Meine Eltern besaßen Kühe und sehr viel Land, wir hatten Fahrräder und Motorräder. Allein damit gehörten wir eigentlich zur Oberschicht im Dorf, denn das wurde als Luxus angesehen. Auch unser Haus war deutlich größer und viel besser ausgestattet als die meisten anderen Häuser in der Gegend. Meine Eltern sorgten auch für Bildung und eine gute Erziehung. Logisch, wo mein Vater selbst ja eine Hochschulausbildung hatte und Lehrer war."

1972 hatten sie geheiratet. Vitals Vater lernte seine Frau kennen, als er in einer Schule in der Nähe von Alphonsines Familie arbeitete. Alphonsine war bei der Hochzeit 16 Jahre alt. Beide Familien gingen regelmäßig zur Kirche und lebten als Christen. Dieser Glaube sollte sich als wichtiger Faktor für die Familie erweisen. In den Wirren des Genozids und bis heute.

4

Eine Kindheit mit Kühen

Welcher Geruch erinnert dich an deine Kindheit? Eine beliebte Kennenlern-Frage für gesellige Abende im Freundeskreis. Selten müssen die Teilnehmer lange überlegen – und auch Vital fällt sofort etwas dazu ein: „Kuhscheiße".

„Geboren wurde ich 1990, aber ich kann dir echt nicht sagen, wann genau", beginnt Vital zu erzählen, als wir uns treffen, um uns über sein Leben auszutauschen. Und nein, wir haben das oben erwähnte Spielchen nicht gespielt. „Mein genaues Geburtsdatum wurde im Pass meines Vaters verzeichnet. Er hatte ihn bei sich, als er im Genozid ermordet wurde. Da ist der Pass verloren gegangen. Später wurde einfach der 1.1.1990 von der Behörde festgesetzt, als ich einen eigenen Pass beantragen musste."

Der 1.1., warum kompliziert, wenn's auch einfach geht, denke ich. Es spielte sehr wahrscheinlich ohnehin keine große Rolle, denn Geburtstagspartys, wie sie in europäischen Gefilden üblich sind, gab es in Vitals Familie zu der Zeit ohnehin nicht. Geburtstage wurden eher von den Städtern in Kigali gefeiert, aber im ländlichen Dorf hatten sie keine Bedeutung. „Heute feiere ich immer den 14. Dezember als meinen Geburtstag. Das ist der Tag, an dem ich getauft wurde", meint Vital nebenbei, um direkt zu hinterfragen, warum ein solcher Tag denn für uns in Europa so wichtig sei. Wichtiger sei es doch, dass wir überhaupt geboren wurden.

Stimmt! Vital wurde in eine Großfamilie hineingeboren als siebtes von neun Kindern: Diogène Manishimwe, Pascal Mugenzi, Léocadie Kampire, Triphine Nikuze, Sylvereie Murekatete, Godelive

Ayinkamiye sind vor ihm da gewesen, Teddy Kakuze und Sixbert Twahirwa komplettierten die Kinderschar nach ihm. Da kommt mir natürlich direkt die Frage, was die Vor- und was die Nachnamen sind und warum keiner von ihnen die Namen des Vaters oder der Mutter trägt. Und natürlich – viel wichtiger –, warum er eigentlich Vital Nsengiyumva heißt.

Vital schaut mich ein wenig verdutzt an. Warum ich das wissen wolle, fragt er mich. „Naja, bei uns gibt es einen Vor- und einen Nachnamen. Und der gibt jedem die Zuordnung deutlich preis. Außerdem haben deutsche Namen immer eine bestimmte Geschichte, so wie Müller, Metzger, Schneider oder Schuster", antworte ich. Vital lacht: „Oder Brüderle, Schaude, Bäuerle und Knöpfle", meint er und ahmt den breiten, schwäbischen Dialekt nach. „Oder so", sage ich. „Also bei uns in Ruanda war es damals völlig unüblich, dass jemand einen Vor- und einen Nachnamen hatte. Wir haben auch nicht den Nachnamen unseres Vaters getragen. Trotzdem waren wir natürlich alle einer Familie zugeordnet und jeder im Dorf wusste genau, wer zu wem gehört. Frag mich aber jetzt nicht, warum Nsengiyumva. Ich weiß es nicht. Ich vermute, meine Mutter wollte damit ein Statement abgeben, denn Nsengiyumva bedeutet: Ich bete zu Gott, der hört." Vital erläutert mir noch, dass es keines Nachnamens bedurfte, um zu einer Familie zu gehören. „Alle unsere Namen und Geburtsdaten wurden im Pass bzw. in den Identitätspapieren unseres Vaters verzeichnet. Im Pass unserer Mutter stand nur das Geburtsjahr. Deshalb konnte sie später auch nicht mehr genau meinen Geburtstag nachvollziehen."

Aufgewachsen ist Vital in der südlichen Provinz Ruandas in einer Gegend, die heute als Kamonyi District bekannt ist. Magu Village heißt der Ort, in dem er seine Kindheit verbracht hat. Wenn wir es großzügig betrachten, gehört es immer noch zum Umland der Hauptstadt Kigali.

Als Vital mir sein Dorf zeigt, bin ich doch etwas erstaunt, wie lange wir mit dem Auto von der Hauptstadt aus brauchen. Irgendwann ist dann auch die geteerte Hauptstraße zu Ende. Dann geht es weiter über Feldwege mit teilweise abenteuerlichen Schlaglöchern. Nach einer Berg- und Talfahrt erreichen wir dann schließlich einen immer schmaler werdenden Sandweg, von dem aus in einiger Ferne dann ein gemauertes Gebäude zu sehen ist. „Da direkt gegenüber von der Kirche steht meine Grundschule. Das Gebäude mit dem Blechdach und den blauen Fenstern", wird Vital ganz euphorisch, als wir endlich nach einer gefühlten Ewigkeit und reichlich „african massage" (wie hier eine Fahrt über mit Schlaglöchern durchsetzte Straßen genannt wird) anzukommen scheinen.

„Und da ist das Dorf?", frage ich hoffnungsvoll. „Nein, noch nicht ganz. Von da ist es nicht mehr weit, bis wir im Dorf sind." – „Aha."

Und dann sind wir schließlich dort, wo er seine Kindheit verbracht hat. Ein kleines Dorf auf einem der vielen Tausend Hügel des Landes. Umgeben von grünen Pflanzen und Gebüsch führt eine Straße mitten hindurch. Was Vital mir als „Marktplatz" beschrieben hat, ist eigentlich nur eine Ausbuchtung links und rechts der Straße, die durch das komplette Dorf führt. Am Ende des Dorfes halten wir schließlich an einem ocker gestrichenen Haus an, das von Gemüsebeeten umgeben ist. Dahinter scheint es nicht mehr weiterzugehen, aber ich ahne schon, dass das nur der westliche Blick auf die afrikanische Landschaft ist.

Hier also lebte die Familie, bevor die große Traurigkeit ausbrach und der soziale Abstieg begann. Und sie lebte später wieder dort, um irgendwie zu einem normalen Leben zurückzufinden und das Trauma des Genozids zu bewältigen. Gar nicht so einfach, an einen bekannten Ort zurückzukommen, wenn die ganze Welt innerhalb von 100 Tagen auf den Kopf gestellt wurde.

Heute lebt seine Mutter gemeinsam mit ihrer Mutter in der Hauptstadt Kigali. Alle Kinder sind ausgeflogen und haben sich ein eigenes Leben aufgebaut. Vital lebt heute mit seiner Familie in Deutschland, bei Stuttgart im „Ländle", um genau zu sein.

Eine Kindheit auf dem Dorf in einer für ruandische Verhältnisse eigentlich sehr gut situierten Familie – wie kann ich mir das vorstellen? Kindergarten, Grundschule, Gymnasium? Tennis-Unterricht oder Fußball-Camp, in das man regelmäßig wohlbehütet von „Soccer Mom“ mit dem Auto gebracht wird? Feiern mit Freunden bei McDonalds, danach ein wenig abhängen im Kino. Und zum Ausgleich Sonntagsschule mit Tante Claudine in der Kirche?

„Auf welchem Planeten bist du denn aufgewachsen?“, lacht Vital. „Fußball-Camp, McDonalds, Kino? In meinem Dorf gab es nichts davon. Wir hatten noch nicht einmal fließendes Wasser im Haus. Elektrizität? Fehlanzeige. Wenn es dunkel war, war es dunkel! Eine Infrastruktur, wie ich sie in Deutschland kennengelernt habe, gibt es in unserem Dorf in Ruanda bis heute nicht. Statt auf den Lichtschalter an der Wand zu drücken, haben wir Lampenöl nachgefüllt und gehofft, dass die Streichhölzer trocken genug waren, um sie anzuzünden. Wer Licht brauchte, war glücklich, wenn er eine Kerosine-Lampe besaß. Weil es keine Elektrizität gab, wurde das Bügeleisen über dem Feuer heiß gemacht. Oder die Leute füllten heiße Holzkohle in den Hohlraum eines Bügeleisens.“

Wasser aus der Leitung? „Nö! Wir gingen immer in ein Tal, um Wasser zu holen. Da konnte schon mal etwas Zeit ins Land gehen. Drei Kilometer pro Strecke, und das mit einem 20-30 Liter-Behälter, tagaus, tagein – und barfuß! Getragen auf dem Kopf, denn das war immer noch die bequemste Art, das Wasser nach Hause zu bringen.“

Doch das war nicht die einzige Unannehmlichkeit bei der Grundversorgung. Da der Brunnen die Wasserversorgung für die gesamte Gegend zu übernehmen hatte, konnte die Schlange schon mal drei bis vier Stunden Wartezeit mit sich bringen. Wenn das geschah, war es nicht immer einfach, der Mutter zu erklären, dass man unterwegs keine Zeit mit anderen Kindern vergeudet hatte, obwohl auch das durchaus schon mal vorkam.

Die Hauptbeschäftigung bestand aus Feldarbeit, um Grundnahrungsmittel zum Leben anzubauen. Auch als Vierjähriger war Vital schon eingebunden. Seine Aufgabe: Kühe hüten. Auch später gab es jeden Tag Aufgaben zu erfüllen. Wasser holen zum Beispiel, noch bevor es zur Schule ging. Nach der Schule Kühe hüten bis abends. Die Wege konnten dabei schon mal sehr lang werden, denn die Kühe brauchten Gras, das besonders in den Trockenzeiten nicht gerade üppig zur Verfügung stand.

In einer Familie mit neun Kindern konnte es leicht drunter und drüber gehen, wenn es keine klaren Regeln gab. Solche Regeln gab es aber im Hause Gahakwa, denn Vitals Vater konnte sehr strikt sein. Damals war die Prügelstrafe noch ein adäquates Erziehungsmittel. „Natürlich habe ich mir als Kind öfters mal Schläge eingefangen. Aber eigentlich weiß ich gar nicht viel von meinem Vater. Ich war vier Jahre alt, als er ermordet wurde. Das meiste, was ich über ihn weiß, habe ich von meinen Geschwistern oder von meiner Mutter erzählt bekommen. Allerdings kann ich mich noch an die Zurechtweisungen erinnern, wenn ich mal wieder zu spät zu Hause aufgekreuzt bin. Auch hat er viel Wert darauf gelegt, dass ihm zugehört wurde und dass wir seine Anweisungen befolgten. Wenn nicht, konnte es schon mal eine kleine Tracht Prügel geben."

Trotzdem ist Vital heute sehr stolz auf seinen Vater, auch wenn er ihn nicht lange genug haben durfte: „Mein Vater konnte einfach alles! Er hat unsere Häuser selbst gebaut, und zwar von der Zeichnung bis zur Fertigstellung. Er war den Menschen zugewandt, hatte ein sehr gutes Standing im Dorf und in der Umgebung."

Und er lebte vor, wie ein Christ leben sollte. Denn in der Familie herrschte grundsätzlich eine freundliche und positive Atmosphäre, bei der auch Musik und Gesang eine große Rolle spielten. „Dabei benutzten wir auch unsere Kochutensilien und Blecheimer als Schlagzeug und waren richtig kreativ, um einen ‚heiligen Krach' zu machen." Auch später wird Musik die Familie zusammenschweißen und ein Bindeglied zwischen den Geschwistern sein.

Es wurde viel gelacht, getanzt, gefeiert und gemeinsam gebetet. „Wir konnten überall und immer mit Gott reden. Wenn wir Besuch bekamen, verließen sie nicht unser Haus, ohne dass wir gemeinsam gebetet haben. Wenn wir zu essen und zu trinken hatten, dankten wir selbstverständlich Gott für diese guten Gaben. Ein Abendgebet mit uns Kindern, bevor wir zu Bett gingen, gehörte ebenso zum ganz normalen Tagesablauf. Das mache ich übrigens bis heute so – auch mit unseren Kindern."

Der sonntägliche Kirchgang war selbstverständlich. Die Familie gehörte zur „Eglise presbyterienne au Rwanda", der evangelischen Kirche Ruandas. In dieser Kindheitsphase hat Vital auch das erste Mal ein Erlebnis, bei dem er Gottes Existenz real spürt: „Ich war über einen längeren Zeitraum krank, meine Mutter betete für mich, und ich wurde gesund. Das hat mich sehr beeindruckt. Wenn ich als Kind betete, habe ich das immer laut getan. Egal wo: zu Hause, in der Schule, in der Kirche. Ich wuchs also in einer christlichen Familie auf und wurde als Kind getauft. Später habe ich dann nochmal eine sehr bewusste Entscheidung getroffen, Jesus nachzufolgen und als Christ zu leben. Um das nochmal zu dokumentieren, habe ich mich als Erwachsener noch einmal taufen lassen. So mit viel Wasser und richtig Untertauchen."

„Welches Gottesbild hast du aus deiner Kindheit entwickelt? Was hat das mit deiner Biographie zu tun?", will ich von Vital wissen. „Wenn ich an Gott denke, stelle ich ihn mir immer als liebende Mutter vor. Vielleicht, weil ich nur meine Mutter in meiner Kindheit und Jugend hatte und meinen Vater fast gar nicht kennenlernen durfte. Meine Mutter ist bis heute meine Heldin. Ich bin durch sie und mit ihr so gesegnet worden. Dafür bin ich unendlich dankbar."

Kein Wunder, denn Vitals Mutter spielte gerade nach der Ermordung seines Vaters im Genozid und während der leidvollen, gefährlichen und menschenunwürdigen, quälenden Wochen des Bürgerkrieges die entscheidende Rolle in seinem Leben.

„Als kleines Kind war es sehr schwer für mich, dass ich ohne Vater aufwachsen musste. Es war wie eine Wirklichkeit, die ich annehmen musste, ohne es wahrhaben zu wollen. Ich dachte zum Beispiel immer, dass andere Kinder auch keinen Vater mehr hatten. Wenn ich sie dann mit ihren Vätern spielen sah, konnte ich es fast nicht glauben. Fast ungläubig fragte ich sie dann: ‚Wie, du hast einen Vater?' Ich hatte keinen mehr, und das war viele Jahre wie ein unbewusstes Trauma für mich. Letztlich muss ich aus heutiger Sicht sagen, dass mir nie wirklich bewusst war, wie schmerzhaft es ist, ohne Vater aufzuwachsen."

Auch später ist es die Mutter, die die Familie eng zusammenhält und dafür sorgt, dass trotz der unglaublich erschwerten Bedingungen jedes Kind seinen eigenen Weg ins Leben findet. Eine Mammutaufgabe, die vielleicht in der Art und Weise nur von einer liebenden Mutter bewältigt werden kann, die sich selbst hingibt, damit aus ihren Kindern etwas wird.

Sieben der neun Kinder, inklusive Vital, haben später ein Universitätsstudium absolviert. Lèocadie lebt heute in den USA, Pascal in Uganda, Sixbert in Kenia, Vital mit seiner Familie in Deutschland. Die übrigen Geschwister leben in Kigali, Rukoma und Ginsenyi in ihrer Heimat Ruanda. Bis auf Sixbert haben sie alle bereits eigene Familien gegründet.

Alle haben es auf ihre eigene Weise gepackt. Aber bis es so weit war, gab es noch sehr viele Herausforderungen zu bewältigen. Auch davon erzählt dieses Buch.

5

Die Kommandozentrale des Teufels

„Sie haben Habyarimana umgebracht", diese Nachricht verbreitet sich wie ein Lauffeuer im Busch. Sie trifft auf reichlich trockenen Boden und deshalb kann sie sich so schnell verbreiten. Das Attentat auf den Präsidenten nach den eigentlich erfolgreichen Verhandlungen in Dar es Salaam wird als Auslöser des Völkermordes in Ruanda im April 1994 gewertet. Dabei war es eher der letzte Tropfen, der sprichwörtlich das Fass zum Überlaufen brachte.

Stundenlang sendet der staatliche Rundfunksender Radio Ruanda aus Kigali am „Tag danach" getragene klassische Musik. Immer wieder unterbrochen von Nachrichten, die nichts Neues zu berichten haben: Der Präsident ist bei einem Attentat ums Leben gekommen. Die Folgen sind Ausschreitungen im ganzen Land, und als Reaktion der Regierung: Ausgangssperren ab 19.00 Uhr und militärische Aktionen.

Mit Bach, Brahms, Tschaikowsky und Grieg ist bei Radio Ruanda staatlich verordnetes Largo und Adagio angesagt. Gleichzeitig ertönt im freien Jugendradio RTLM fröhliche Popmusik, Rap und Rock. Während die einen nur getragene Moll-Akkorde auf dem Plattenteller drehen, scheinen die anderen Morgenluft zu wittern und peitschen nicht nur musikalische, sondern auch verbale Tiraden über den Äther.

Vor allem westliche Hörer trauen ihren Ohren kaum, als sie hören, was da über den Sender geht: Derbe Scherze über Tutsi, Hass-Botschaften und unverhohlene Mord-Aufrufe. Der Schweizer Theater-Regisseur Milo Rau hat viele Jahre später ein Theaterstück mit den

Original-Botschaften am Original-Schauplatz im Radiostudio in Kigali aufgeführt:

„Wenn du eine Tutsi-Kakerlake bist, dann bist du eben eine Kakerlake. Man muss dich töten", und schon wird das nächste Wunschlied gespielt: „Für Patrice kommt jetzt ‚Whatta Man' von Salt-N-Pepa with En Vogue."

Zwischen europäischer Popmusik und Wetterbericht gibt es noch weitere unglaubliche Botschaften, die gesendet werden: „Jagd sie!", brüllen die Moderatoren in die Mikrofone, um wenig später zu vermelden: „Wo sind heute denn eigentlich die Tutsi-Anrufe? Es kommen keine, weil sie ausgerottet werden. Gott ist gerecht. Die Tutsi werden vernichtet." Es erklingt „Don't go breaking my heart" von Elton John mit RuPaul, „Sweets for my Sweet" von C.J. Lewis und als wäre wirklich nichts gewesen „Mmm, Mmm, Mmm, Mmm" der Crash Test Dummies – Welthits im April 1994.

Was wie ein Fall für den Rundfunkrat und die Gerichte klingt, war kein redaktioneller Ausrutscher einer durchgeknallten Moderatorin oder der Egotrip eines Moderators. Nein, es war die Botschaft des ganzen Senders – und es wird über Wochen in dem gleichen Stil weitergehen:

„Behaltet die Kloaken im Auge, damit euch keine Kakerlake entkommt!", so werden die vor allem jugendlichen Hörer ständig aufgefordert. „Was ihr jetzt braucht, ist: Courage!" Und wieder wird die damals angesagte Musik gespielt, um den Boden für die nächste Hass-Botschaft zu bereiten. In Call-in-Sendungen haben Hörer die Möglichkeit, direkte Mordaufrufe zu machen, mit Namen, Anschrift und Erfolgsprämie, gefolgt von ihrer Lieblingsmusik, die sie sich für diese „Dienstleistung" gratis wünschen dürfen.

RTLM erreicht die Massen. Es hat sich neben dem „Staatsradio" als alternative Informationsquelle etabliert. Die Analphabetenquote liegt bei über 40%. Die Stimme des Radios setzen viele mit der Stimme des Führers, der Stimme Gottes, der Stimme der Religion gleich. RTLM wird praktisch in jeder Hütte und in jedem Haushalt gehört.

In perfider Weise liefert der Sender den täglichen „Soundtrack zum Völkermord“ frei Haus. Die Hutu-Banden werden regelrecht aufgestachelt. Vokabeln wie Schlangen, Kakerlaken, Gewürm, Stechmücken, Affen und viele andere sollen als gängige Bezeichnungen für die Tutsi etabliert werden. Dabei setzt der Sender nahtlos das fort, was Hutu-Zeitungen bereits früher begonnen haben: Den Hass auf die Tutsi zu schüren. In der extremistischen Hutu-Zeitung Kangura konnte man in den „Zehn Geboten für Hutu“ lesen:

„Jeder Hutu muss wissen, dass jede Tutsi-Frau ... nur im Dienste ihrer Tutsi-Ethnie arbeitet. Folglich ist jeder Hutu ein Verräter, der eine Tutsi-Frau heiratet – sich mit einer Tutsi befreundet – eine Tutsi-Frau zu seiner Sekretärin oder zu seiner Geliebten macht ... Alle strategischen Posten in der Politik, Verwaltung, Wirtschaft, Armee und in der Sicherheit müssen an Hutu vergeben werden ... Die Hutu müssen aufhören, Mitleid mit den Tutsi zu haben.“

In der Hutu-Mehrheitsbevölkerung wird ein „Wir-Gefühl“ erzeugt, das keinen Platz lässt für irgendwelche Schuldgefühle. Dabei ist RTLM „die Stimme“ vor allem der Landbevölkerung und damit im wahrsten Sinne des Wortes ein „Massenmedium“. Wie ein Navigationsgerät gibt der „Sender der Hasswellen“ Orte und Verstecke an, wo sich noch Tutsi aufhalten. „Sucht sie und tötet sie!“, brüllen die Moderatoren in die fehlgeleiteten Ohren und kaltblütigen Herzen ihrer Hörerinnen und Hörer. Auch vor Gott wird nicht zurückgeschreckt. Im Gegenteil: Er wird einmal mehr für das eigene Verhalten instrumentalisiert. Wie im Dritten Reich auf den Koppelschlössern der Deutschen Wehrmacht „Gott mit uns“ eingeprägt war, so wähnen die Radiomacher Gott ebenfalls auf ihrer Seite.

Dabei sticht besonders eine Frau hervor: Valérie Bemeriki. Sie wird mit ihrer Mischung aus radikalen und religiös fundierten Hetzreden zum Sinnbild des „Hate Radios“. Wie auch Kantano Habimana, der eine Art „böser Pausenclown“ des Senders ist. Der Dritte im mörderischen Moderatorenteam ist George Ruggio, der italo-belgische Wurzeln hat und so als „ausländischer Patron“ durchgeht.

Man kann es sich nicht vorstellen, aber im Studio gibt es eine Wandtafel, an der prominente Opfer aufgelistet sind. Eine Strichliste des Satans als tägliche Bestätigung des „Unternehmenserfolges". Nach dem Motto: „Mission erfüllt".

Besonders erschreckend an dem Völkermord in Ruanda ist, dass die Welt ringsum mit sich selbst beschäftigt war. Die UN zog die Blauhelme an dem Tag ab, an dem der Genozid übers Land fegte. Aus heutiger Sicht können wir es nur als sträfliche Ignoranz verurteilen, wie die Welt sich damals verhielt. Eine Ignoranz, die zum Tod von etwa einer Million Menschen in Ruanda beigetragen hat. US-Präsident Bill Clinton hat es später einmal als den größten Fehler seiner Amtszeit bezeichnet, nicht eingegriffen zu haben. Die gesamte Weltgemeinschaft hat versagt und Familien wie die von Vital damit sich selbst überlassen.

Die Ironie dabei ist, dass im März 1994, also wenige Wochen vor dem Genozid in Ruanda, mit „Schindlers Liste" ein Welterfolg des US-Regisseurs Stephen Spielberg weltweit die Kinos eroberte. Ein Film über Zivilcourage in einer Zeit, in der in Deutschland Millionen Juden ermordet wurden. Der Unternehmer Schindler stellte sich dem Nazi-Regime entgegen und half, jüdisches Leben zu retten. Spielberg gelang es in einmaliger Art, dafür zu werben, nicht wegzuschauen. Leider war das im Fall von Ruanda noch nicht tief genug durchgedrungen.

Während im Mai 1994 der Völkermord in Ruanda Fahrt aufnahm und die Nachrichten darüber leider nur Nebenschauplätze in den weltweiten TV-Programmen bekamen, wurde Nelson Mandela der erste schwarze Präsident in Südafrika. Damit war das endgültige Aus der Apartheid besiegelt. Die Wahl Mandelas nährte die Hoffnung, dass selbst die härtesten und bittersten Konflikte politisch gelöst werden könnten.

Im selben Monat durfte die Weltgemeinschaft einen weiteren Beweis dafür zur Kenntnis nehmen, denn Israel und die PLO unterzeichneten in Kairo das Unabhängigkeitsabkommen für Palästina.

Doch auch das lenkte die Aufmerksamkeit der Welt nicht auf das Morden in Ruanda.

Es gibt noch viele andere Ereignisse, die die Welt für wichtiger hielt, als dem Abschlachten Hunderttausender unschuldiger Menschen in Ruanda Einhalt zu gebieten. Honecker starb in Chile, Jackie Kennedy in den USA. Ein Eisenbahntunnel zwischen Frankreich und England wurde eingeweiht. Insel und Kontinent kamen sich näher.

Noch während der Völkermord in Ruanda tobte und drei Millionen Menschen auf der Flucht waren, Lager entstanden, die einer Hölle glichen, in der Cholera und andere Krankheiten ihre tödliche Wirkung entfalteten, stand US-Präsident Bill Clinton in Berlin im Juli 1994 vor dem Brandenburger Tor und schmetterte in die jubelnde Menge: „All things are possible" – „Alle Dinge sind möglich".

Woran auch immer er in dem Moment gedacht haben mag – sicher nicht an die Tutsi in Ruanda.

Kleiner Nachtrag noch zum „Hate Radio": Die Rolle von RTLM im Genozid wurde vom internationalen Gerichtshof in einem Prozess später akribisch aufgearbeitet. Die Akteure erhielten langjährige Haftstrafen. Bemeriki sogar eine lebenslängliche Gefängnisstrafe. Sie soll übrigens bis heute kein Schuldbewusstsein entwickelt haben, sondern sich nach wie vor ungerecht behandelt fühlen.

6

Was Deutsche und Belgier verursacht haben

Alles hat seine Geschichte. Nichts fällt einfach so vom Himmel. Die Geschichte eines Volkes wird von Menschen geprägt. Von Menschen mit ihren Fehlern und Fehleinschätzungen, von Menschen, die ihre eigene Geschichte einbringen, ihre Gefühle, Befindlichkeiten, ihren Egoismus. Aber auch ihren Sinn fürs Gemeinwohl, ihr Bestreben, Gemeinschaft mit anderen zu pflegen, ihr Gespür für gesellschaftliche Entwicklungen. Leider spielt dabei oft aber auch die dunkle Seite der Menschen eine Rolle: Ein böses Herz, das durch falsche Erziehung, durch egoistische Wünsche und durch etwas, das die Bibel Sünde nennt, geprägt ist.

Oft haben wir den Eindruck, nur ganz kleine Rädchen im großen Räderwerk der Geschichte zu sein. Wenn wir auf die jahrtausendealte Geschichte der Menschheit blicken, dann stimmt der Eindruck. Doch Gott schreibt seine eigene Geschichte mit jedem Menschen, jeder Familie und jedem Volk. Die begreifen wir aber erst in der Rückschau. So wie wir auch negative Entwicklungen erst sehr viel später verstehen.

Der Völkermord 1994 in Ruanda hat seine eigene Geschichte. Und darin spielen Deutsche, Belgier und vor allem Franzosen eine entscheidende Rolle. In den tödlichen Konflikt in Ruanda sind aber auf eine fatale und menschenverachtende Weise auch die Kirchen aktiv verwickelt.

Um Vitals Geschichte zu verstehen, brauchen wir diesen Hintergrund, denn Ruanda ist nur so zu verstehen. Natürlich werden diese

Fakten nicht die ganze Wahrheit zutage bringen. Natürlich gibt es auch andere Geschichten, andere Sichtweisen und Einschätzungen. Und natürlich bin ich mir der großen Gefahr bewusst, aus dem fernen Deutschland über ein „Land vor unserer Zeit“ zu urteilen. Es geht mir in diesem Kapitel aber nicht um Schuldzuweisungen, sondern um Hintergründe.

Wenn ich mit Vital über sein Land spreche und wir auf die Vergangenheit zu sprechen kommen, erlebe ich immer wieder, dass er mich darauf aufmerksam macht, dass sein Land eine wechselhafte Geschichte hinter sich hat, bei der ganz unterschiedliche Kräfte gewirkt haben und wo vielschichtige Aspekte zu berücksichtigen sind.

Daher bitte ich jetzt schon alle Expertinnen und Experten, die es besser wissen, um Nachsicht. Dieses Buch ist kein wissenschaftliches Geschichtsbuch und will es auch nicht sein. Dieses Kapitel ist das Ergebnis umfangreicher Recherchen, die ich angestellt habe, um zumindest ein bisschen zu verstehen, was in Ruanda Anfang 1994 passiert ist.

Ich möchte einfach nachvollziehen können, was dazu geführt hat, dass Vital und seine Geschwister als Halbwaisen aufwachsen mussten und warum fast eine Million Menschen aus niederen Beweggründen ihr Leben in einem beispiellosen Völkermord verlieren mussten. „Niedere Beweggründe?“ – Ja, es wird nicht ganz ohne persönliche Bewertungen gehen können. Nehmen Sie die einfach als Meinungsäußerungen eines „alten, weißen Mannes“, wenn Sie ihnen bei jeder dritten Zeile widersprechen möchten.

Tauchen wir also ein in die Geschichte eines Landes. Vital und ich befanden uns auf einer Wanderung im Schwarzwald. Wir gingen durch die Rötenbachschlucht. Eine Tageswanderung mit viel Zeit zum Erzählen. Natürlich war ich an seiner Geschichte und der seines Landes interessiert. Für mich war es nicht leicht nachzuvollziehen, wie es zu einem Völkermord von solch einem Ausmaß kommen konnte.

Vital erzählt: „Die Geschichte unseres Landes geht sehr weit zurück. Immer wieder kam es zu Konflikten. Im 8. Jahrhundert n. Chr. wanderte das Bantuvolk der Hutu nach und nach in ein Gebiet ein, das damals von den Twa-Pygmäen besiedelt war. Das heutige Ruanda. Sie lebten als Jäger und Sammler und bevölkerten den Landstrich immer mehr. Die Twa wurden durch die Hutu immer mehr in die Wälder des Westens verdrängt. Die Geschichte der Tutsi ist nicht ganz einfach zu verfolgen. Manche sagen, sie seien ein kriegerisches Volk gewesen und im 15. Jahrhundert nach Ruanda eingedrungen. Sie hätten schon damals die Hutu und Twa beherrschen wollen, haben aber die Sprache und Religion der Hutu übernommen. Es gibt auch andere Theorien, aber eins steht fest: Die Tutsi haben schon im Mittelalter ein Herrschaftssystem mit einem König gehabt und bildeten seit alters her die gesellschaftliche Oberschicht. Obwohl die Hutu immer die Mehrheit des Volkes stellten, regierten die Tutsi. Aber zum damaligen Zeitpunkt gab es offiziell gar keine Hutu und Tutsi. Für die Unterscheidung der Rassen, die es als solche gar nicht gab, waren dann die Europäer verantwortlich."

Ob es sich bei den Twa, Hutu und Tutsi jemals um wirkliche ethnische Gruppen gehandelt hat, sei fraglich. Die historischen Theorien bildeten mehr die Merkmale der Menschen heraus, ohne dass sie einer ethnischen Gruppe zugehörten. Demnach waren die Batwa die ursprünglichen Einwohner Ruandas. Ihnen gehörte das Land und sie waren Jäger. Dann kamen die (Ba)Hutu, die sich vor allem als Bauern betätigten. Als Letztes kamen die (Ba)Tutsi ins Land. Sie waren Viehzüchter. Als gegen Ende des 19. Jahrhunderts die Europäer Afrika unter sich aufteilten, gab es in Ruanda diese drei sozialen Gruppen: Tutsi (die mit den Kühen), Hutu (Mehrheit, aber ohne besondere soziale Stellung) und Twa (die Outlaws des Landes).

„Aber warum konnten die unterschiedlichen Gruppen nicht einfach friedlich nebeneinander leben?", fragte ich. „Das hängt immer mit der Verteilung von Machtverhältnissen zusammen und letztlich mit einer sehr wichtigen Frage, die auch bei kleinen Kindern immer wichtig ist", meint Vital. „Wer ist der Bestimmer? Wer hat das Sagen?"

Natürlich stellten die Tutsi den König, der regieren konnte, wie er gerade gestimmt war. Er soll mal die einen, mal die anderen bevorzugt haben, je nachdem, was ihn selbst am ehesten an der Macht hielt. Trotzdem entwickelte sich mit der Zeit so etwas wie eine „herrschende Klasse der Kuhbesitzer", also der Tutsi.

„Als die Europäer ins Land kamen, waren die einzelnen Gruppen so untereinander vermischt, dass man tatsächlich eine Unterscheidung nur willkürlich an der Anzahl der Kühe oder anhand des Besitzes treffen konnte. Die Europäer kamen mit ihren eigenen europäischen Rassentheorien ins Land. 1895 teilten europäische Kolonialmächte mit dem deutschen Reichskanzler Otto von Bismarck Afrika unter sich auf. Eine Konferenz in Berlin, die bis heute für viele Konflikte und Schwierigkeiten in Afrika verantwortlich ist.

Ruanda wurde dem Deutschen Reich zugeteilt. Was immer der Grund dafür war. Vielleicht weil ein Jahr zuvor der deutsche Ostafrikaforscher Gustav Adolf Graf von Götzen es als erster Europäer geschafft hatte, ins Landesinnere zu gelangen. Dabei hatte er die berühmte Virunga-Vulkankette erklommen."

Otto von Bismarck und seine fatale Rolle für Afrika wurde mir schon einmal von einem Massai vor Augen geführt. Ole Ronkei antwortete auf meine Frage, warum die Länder Afrikas nicht den Bevölkerungsgruppen entsprächen und Massai-Land von Kenia bis nach Tansania reichte, kurz und klar: „Frag euren Otto!"

Nach dem Ersten Weltkrieg wurde Ruanda quasi als „Kriegsbeute" an Belgien weitergereicht. Die Belgier trieben es Anfang des zwanzigsten Jahrhunderts dann auf die Spitze: Tutsi war jeder, der mehr als zehn Kühe besaß. Menschen mit weniger Vieh waren Hutu. Und die Twa spielten gar keine Rolle im gesellschaftlichen Leben.

„Mit den Belgiern kam dann auch in größerem Umfang die katholische Kirche nach Ruanda. Sie unterstützte die Herrschaft der Tutsi und spielte auf der politischen Bühne mit. Belgische Truppen waren bereits 1916 in das Gebiet einmarschiert, das damals Deutsch-Ostafrika hieß und zu dem auch noch Burundi und Tansania gehörten. Auch nach dem Zweiten Weltkrieg blieb das Land unter belgischer Verwaltung", erzählt Vital weiter.

Wir hatten gerade einige Wasserfälle passiert und einen kleinen Bach überquert, als wir eine kurze Mittagspause einlegten.

„Die Belgier waren der Meinung, Rassen deutlich unterscheiden zu müssen, um das Land besser in Schach halten zu können. Dabei waren nicht nur die Anzahl der Kühe ein Kriterium, sondern auch die Länge der Nasen. Im Genozid-Zentrum in Kigali hängen an Bilderwänden bizarre Dokumente aus dieser Zeit."

„Wie bitte?" Mir blieb fast der Bissen im Hals stecken! Die Länge der Nase als Kriterium für die Zuordnung von Rassen. Gerade stellte ich mir vor, wie die Nasen eines ganzen Landes von Besatzern neu vermessen wurden.

„Die ersten freien Wahlen gab es auf regionaler Ebene 1956. Sie gingen fast überall zugunsten der Tutsi-Eliten aus. So besetzten Tutsi Schlüsselpositionen im Land und hatten fast alle höheren Ämter inne. Ein Jahr später forderten Hutu-Intellektuelle in dem sogenannten ‚Hutu-Manifest' demokratische Verhältnisse ein. Zwei Jahre später kam es zum offenen Kampf zwischen den Bevölkerungsgruppen. Die Folge: Tausende Tote unter den Tutsi und die Flucht von über 100.000 Tutsi in benachbarte Länder." Vital stockte ein wenig die Sprache, während er mit seinem besonderen Geschichtsunterricht fortfuhr.

„Eine anschließende Verwaltungsreform endete – wen wundert's – damit, dass Schlüsselämter nun zum Großteil von Hutu eingenommen wurden. 1962 wurde Ruanda als Republik zu einem souveränen Staat unter Führung des ersten Staatsoberhaupts Grégoire Kayibanda. Umsturzversuche der Tutsi, die aus dem Ausland agierten, scheiterten knapp. 1963 kamen dabei mindestens 20.000 Tutsi ums Leben. Zu dieser Zeit lebten schätzungsweise bereits 350.000 Tutsi in benachbarten Ländern."

Kayibanda wurde 1973 durch einen Militärputsch abgesetzt, der schließlich den Hutu-General Juvénal Habyarimana an die Macht brachte. Und von dem haben wir ja schon gelesen.

Er regierte fortan mit seiner Partei, der „Revolutionären Nationalbewegung für Entwicklung“ (MRND), als Einheitspartei. 1976 und 1983 konnte er sich jeweils in seinem Amt behaupten. Die wirtschaftliche Lage entspannte sich zunehmend, die sozialen Konflikte brodelten beständig weiter. Die katholische Kirche schlug sich mehrheitlich nun auf die Seite der Hutu.

Ruanda, ein Land, in dem 95% der Bevölkerung auf dem Land lebte, war existenziell komplett von der Landwirtschaft abhängig. Wenn ein Land an Überbevölkerung litt, dann dieses. Die Behauptung der Hutu „unser Land ist bereits für die zu klein, die drin sind“, ist deshalb nachvollziehbar. Daher waren die geschätzten 7,5 Millionen Bewohner nicht unbedingt auf Zuwachs aus. Das sollte aber passieren, denn die ins Ausland vertriebenen Tutsi wollten gerne wieder in ihre Heimat kommen. Um das auch militärisch zu dokumentieren, hatte sich eine gut ausgerüstete Armee (die Rwandais Patriotique Front, kurz RPF) gegründet. Sie drang Anfang 1990 von Uganda aus nach Ruanda vor. Ein Jahr später wollte Präsident Habyarimana die Rückkehr der Tutsi vorbereiten und hatte auf internationalen Druck vor, ein Mehrparteiensystem einzuführen. Das wurde nicht von allen Hutu so gesehen. Ein Bürgerkrieg entflammte.

„Um die Einwanderung zu verhindern und die eigene Macht abzusichern, begannen die Hutu mit sozialen Ausgrenzungen und Abwertung der Tutsi. Sie wurden systematisch zu sozialen Sündenböcken aufgebaut und mit ihrer Rückkehr wurde strategische Angst verbreitet. Die Abwertung betraf übrigens nicht nur die Tutsi, sondern auch die ‚gemäßigten Hutu‘, die eine andere Einstellung dazu hatten oder verwandtschaftlich mit Tutsi verbunden waren.“

Die Tutsi wurden als machtgierige, arrogante Ausbeuter dargestellt, die den Hutu ihren Besitz stehlen wollten. Der Bürgerkrieg seit 1990 hatte noch andere Nebenwirkungen: Hutu-Milizen-Gangs entstanden, Schusswaffen und Macheten wurden auch an Privatpersonen verteilt, die Lügen-Maschinerie wurde in Gang gesetzt. Jeder Hutu, der sich weigerte, Tutsi als Feinde anzusehen, wurde ebenfalls als Feind oder zumindest als „Komplize der Feinde“ gebrandmarkt.

Hierbei spielte die Geschichte den gewaltbereiten Hutu geradezu in die Hände. Über Jahrzehnte wurden die Bevölkerungsgruppen – waren sie einmal aufgrund der Nasenlänge und der Anzahl der Kühe definiert – gegeneinander ausgespielt. Heute ist die Verwendung der Begriffe „Hutu“ und „Tutsi“ in Ruanda verboten. Damals war sie in den Pässen durch ein „H“ oder ein „T“ dokumentiert. Der Völkermord in Ruanda fiel nicht vom Himmel, sondern war die fast logische Folge von Jahrzehnten verfehlter Politik.

„Auch die UN, die Anfang der 90er-Jahre mal wieder Friedenstruppen im Land hat, spielte eine üble Rolle in dem tödlichen Spiel. Der Hass war absehbar, er waberte eine lange Zeit und entlud sich dann 1994 im Genozid. Die Weltgemeinschaft zog sich aber galant zurück. Auch Deutschland lehnte ein Bittgesuch der UN ab, die überforderten Blauhelme zu unterstützen. Obwohl Deutschland der Hauptgeldgeber der damaligen Ruanda-Regierung war. Die UN-Truppe wurde bei Ausbruch des Völkermordes auf 270 Soldaten reduziert. Ein verhängnisvoller Fehler!“

Über Jahre hinweg waren Todeslisten durch militante Hutu vorbereitet worden, es wurden Waffen geschmiedet und gehortet, teilweise staffierte die französische Armee die späteren Mörder mit Waffen aus und schulte sie in Kampfführung. Mit Hass im Herzen wurde der Genozid über Wochen hinweg vorbereitet und zeigte sich zum Beispiel in Parolen wie „Tuzabatsembatsemba“, was bedeutet: „Wir werden sie ausrotten!“.

Ein 1993 zustande gekommenes „Friedensabkommen von Arusha“ sollte nicht lange halten. Deshalb gab es am 6. April 1994 weitere Verhandlungen in Tansania. Das Ende davon kennen wir schon.

„Danke, Vital, für diese besondere Geschichtsstunde. Sie zeigt mir, dass nichts auf dieser Welt ‚einfach so' passiert. Alles hat eine Geschichte, einen Grund – und immer haben Menschen, Meinungen und Lebenseinstellungen damit zu tun."

7

Eine Familie auf der Flucht

Kinder haben meistens ein sehr gutes Gespür für Stimmungen und Atmosphäre. Und so blieb es auch dem vierjährigen Vital nicht verborgen, dass etwas in Ruanda nicht stimmte. Die Gespräche der Leute im Dorf, die verstummten, wenn „der kleine Junge" in die Nähe kam. Das Tuscheln hinter vorgehaltener Hand, der wachsende Hass zwischen Menschen, der sich in respektlosem Reden übereinander selbst in einem Dorf wie Magu ausbreitete.

Auch einem Vierjährigen blieb nicht verborgen, wenn auf einmal Horden junger Männer übers Land zogen und ihre Waffen zur Schau stellten. Auch nicht verborgen blieb es, wenn sich bisherige Freunde komisch verhielten und sich auf einmal zurückzogen, als sei man das berühmte „Schmuddelkind".

Es schien schon länger etwas nicht zu stimmen, im Land und irgendwie auch nicht mehr im Dorf. Auch waren die Gespräche in der eigenen Familie nicht mehr so fröhlich wie früher. Etwas anderes war ebenfalls komisch, denn Nachbarn aus dem Dorf kamen zu Besuch und gingen dann mit einer Kuh, einer Ziege oder mit anderen Gegenständen von Vitals Familie wieder nach Hause. „Später habe ich dann erfahren, dass sie damit gedroht hatten, alle Tutsi in unserer Familie zu töten. Mein Vater gab ihnen dann diese Sachen zur Beschwichtigung."

„Lass den Teufel schlafen", ist der Titel eines Films, der einige Schicksale während des Völkermordes beschreibt. Beim Völkermord in Ruanda im Jahr 1994 wurden Menschen in einem Ausmaß und mit einer Geschwindigkeit ermordet, wie es sie seit dem Zweiten

Weltkrieg nicht mehr gegeben hatte. Ungefähr 30 Minuten nach dem Attentat auf den Präsidenten wurde die Mordmaschine in Kigali in Gang gesetzt. Die Opfer: Tutsi, gemäßigte Hutu und Befürworter des Arusha-Friedensabkommens. Die Täter kamen aus allen Bevölkerungsschichten. Es herrschte Mord, Totschlag, Vandalismus und Anarchie.

„In unserem Dorf dauerte es noch bis zum nächsten Tag, bis alles Schreckliche begann“, erzählt Vital. „Aber meinen Eltern wurde sehr schnell klar, dass wir auf keinen Fall in Magu bleiben konnten. Aus anderen Dörfern kamen immer mehr Menschen in unser Dorf. Sie berichteten grausame Dinge und forderten uns auf zu fliehen. Es wurden immer mehr. Es gab auch Menschen, die die tödlichen Pläne kannten und andere warnten. Etwa vier Tage nach dem Attentat kamen dann viele Leute mit ihren Kühen in unser Dorf. Sie waren auf der Flucht und forderten uns unmissverständlich auf, mit ihnen zu gehen. Die Eltern meiner Mutter hörten aus ihrem Nachbarbezirk, dass dort bereits Menschen getötet wurden. Die Mörderbanden töteten einfach alle Tutsi, die sie kannten, steckten ihre Häuser in Brand oder plünderten alles, was sie besaßen. Deshalb waren sie zu uns nach Magu gekommen. Mein Vater setzte alles ein, ihr Leben zu retten. Schließlich mussten wir alle fliehen.“

Es wurden auch Granaten eingesetzt. Pickups mit auf der Ladefläche montierten Gewehren fuhren durch die Dörfer. Es wurde wahllos auf Menschen geschossen. Vitals Familie war unmittelbar in Gefahr: „Wir hatten Nachbarn, die natürlich wussten, dass meine Mutter Tutsi war. Außerdem war der Einfluss meines Vaters auf die Dorfgemeinschaft ihnen schon lange ein Dorn im Auge. Er war wohlhabend, er konnte gut mit Menschen reden, er sorgte durch seine ruhige Art in Konflikten dafür, dass sie nicht eskalierten. Neid und Hass brachten uns in unmittelbare Gefahr.“

Eine große Gruppe der Extremisten der Hutu-Miliz „Interahamwe“ kam ins Dorf und wollte alle Tutsi mitnehmen und töten. Doch durch die Verhandlung mit Vitals Vater, ließen sie von ihrem Vorhaben ab, nahmen aber 40 bis 50 Flüchtlinge aus anderen Dörfern mit. Es wurde brenzlig. Schließlich floh auch Vitals Familie. Zunächst in ihr anderes Haus in den Bergen.

Vital wird sehr emotional, wenn er sich an diese bösen Tage seines Lebens erinnert: „Besonders schlimm war, jegliches Gefühl von Sicherheit verloren zu haben. Es konnte jederzeit sein, dass selbst Menschen, die mit uns gemeinsam auf der Flucht waren oder die uns kannten und mit uns in der Straße gelebt hatten, auf einmal zu Mördern wurden. Es gab viel Verrat. Wir mussten immer auf der Hut sein. Wachsamkeit war die wichtigste Überlebensstrategie. Dazu kam dann der Lärm, das Schreien von Menschen, die gefoltert oder getötet wurden. Wir mussten uns ständig verstecken. Ich erinnere mich an viele Nächte, die wir einfach in den Wäldern am Rande der Berge verbracht haben. Als wir in unserem anderen Haus waren, hat sich meine Mutter stundenlang unter dem Bett versteckt."

Vital wird die langen Wege wohl nie vergessen, die sie täglich zurückgelegt haben. Immer auf der Suche nach einem Platz, der sicherer war als der Platz, an dem sie gestern Unterschlupf gefunden hatten. Die Gewalt breitete sich über das ganze Land aus wie ein Tsunami. Den gestrigen Tag überlebt zu haben, hatte keine Bedeutung für den heutigen Tag: „Auch wenn wir überlebt haben, haben das viele andere Menschen nicht. Ich bekomme die Bilder von Menschen nicht aus dem Kopf, die tot am Straßenrand lagen."

An jeder Straßensperre stand ihnen gefühlt das Herz still: Was würde passieren? Wer waren die Menschen an der Straßensperre? Wollten sie die Pässe sehen? Was, wenn sie das „T" im Pass unserer Mutter entdeckten?

Das ging über mehrere Wochen so. Später hatte Vital einen besonderen Traum, der seinen Ursprung wohl in dieser Zeit hat: „Ich habe einmal geträumt, dass da jemand kam und hat auf mich geschossen, als ich vor der Eingangstür unseres Hauses saß. Anstatt mich ins Haus zu drängen, um den Schüssen zu entgehen, begann ich stattdessen zu laufen. Plötzlich begann ich mit meinem Körper ohne Flügel zu fliegen. Es war ein großartiges Gefühl. Ich flog über die Berge und ich konnte meine Flughöhe problemlos verringern und erhöhen, wenn ich mich einem Berg näherte. Ich flog weiter und kam schließlich in den Himmel. Ich erinnere mich, dass ich dort eine Nachbarin fand, die ich kannte, sie war eine gute Freundin unserer Familie. Dann wachte ich auf."

Leider war das nur ein Kindheitstraum, denn die Realität sah so gar nicht nach Himmel aus. Eher war es das Gegenteil, was Vital und seine Familie erleben mussten. Die Gewalt griff immer mehr um sich. Viele Tutsi suchten auf Anweisung von Behörden oder auch freiwillig Zuflucht in Krankenhäusern, auf Sportplätzen, in Schulen oder auch Kirchen. Eine Falle, denn ihr Todesurteil stand bereits vorher fest. Die Angreifer lauerten hinter Mauern, hinter Büschen und in der Sakristei der Kirchen. Macheten, Knüppel, Speere, Gewehre, Äxte, Hacken – alles wurde zu Tatwaffen. Später verzeichnete die Statistik, dass fast 40 Prozent aller Opfer durch Macheten getötet wurden.

Ehemalige Freunde oder Nachbarn brachten sich gegenseitig um. Als ich 2007 zum ersten Mal in Ruanda war, besuchte ich das große Genozid Memorial Center in Kigali. Am Ende der „Tour des Grauens" gab es eine Halle, deren Wände mit Kinderbildern übersät waren. Unter jedem Kinderbild standen Name, Alter und die Art und Weise, wie dieses Kind umgebracht wurde. Viele wurden von anderen Kindern, ihren bisherigen Spielkameraden, umgebracht. Selbst Kinderherzen waren vom Hass infiziert. Ich kann mich noch gut daran erinnern, wie ich weinend aus dem Zentrum gelaufen bin und danach sprachlos und wie versteinert eine lange Zeit auf einer Parkbank gesessen habe. Heute weiß ich, dass fast auch Vitals Foto an dieser Wand einen Platz gefunden hätte.

Als ich 2022 noch einmal gemeinsam mit Vital das Memorial Center besuchte, war von dieser Halle nur noch ein kleines Zimmer mit wenigen Bildern übriggeblieben. Sicher haben die Behörden im Laufe der Jahre selbst gemerkt, wie grausam die Ausstellung in dieser Halle war.

Teilweise waren die Opfer während des Völkermordes gezwungen worden, ihren eigenen Ehepartner oder ihre eigenen Kinder umzubringen, bevor sie dann selbst getötet wurden. „Besonders schrecklich waren die Nächte. Wir haben uns in der Unsicherheit schlafen gelegt, ob wir am nächsten Tag noch leben würden. Im Haus war es zu gefährlich. Deshalb haben wir uns immer Schlafplätze im Busch gesucht. Manchmal haben wir Kinder bei Nachbarn übernachtet, denen man vertrauen konnte."

Auch zu essen gab es nur das Nötigste oder das, was gerade irgendwo zu finden war. Besonders Kinder leiden unter Kriegen. Viele Kinder wurden von ihren Eltern getrennt, einige getötet, andere auf der Flucht einfach von anderen Familien aufgenommen und mit durchgebracht. Einige hatten das Glück, von den wenigen Hilfsorganisationen, die sich ins Bürgerkriegsgebiet vorgewagt hatten, gerettet zu werden.

Vital wird sehr traurig, wenn er über diese Zeit erzählt: „Dass wir Kinder und unsere Mutter den Genozid und die schwere Zeit bis 2002 überlebt haben, können wir nur als Gnade Gottes ansehen. Wie bereits erzählt, haben über 100 unserer Verwandten nicht überlebt. Teilweise haben wir bei den vielen Gerichtsprozessen zur Aufarbeitung des Genozids erst erfahren, durch wen und wie sie getötet wurden. Manchmal haben sich die Killer sogar mit ihren Bluttaten noch gebrüstet. Viele Opfer waren so zugerichtet, dass eine Identifizierung nur aufgrund ihrer Kleidung möglich war."

Aber im Genozid gab es auch die „Schindlers" Ruandas. Das berühmteste Beispiel war der Besitzer des „Hotel Ruanda", dessen Geschichte später verfilmt wurde. Auch haben viele Christen anderen geholfen und waren damit das Risiko eingegangen, selbst als „Helfer" getötet zu werden. Der Völkermord war kein Gemeinschaftswerk aller Hutu. Einzelne Hutu versuchten, sich ihm zu entziehen oder leisteten Widerstand. Teilweise bezahlten sie selbst mit ihrem Leben.

Gegen Ende des Bürgerkrieges gelang es der RPF, immer mehr Gebiete unter ihre Kontrolle zu bringen und die mörderischen Regierungstruppen der Hutu zurückzudrängen. Sie richteten Camps für Flüchtlinge in den eroberten Gebieten ein. Orte, an denen es scheinbar sicher sein sollte. Vitals Eltern landeten schließlich mit den neun Kindern in einem Camp in der Nähe von Mugina. Doch das Morden hat noch kein Ende.

Eines Tages kam ein bekannter Nachbar mit seiner Truppe vorbei und bat Vitals Vater mitzukommen. Er würde nicht mehr zurückkommen. Später erfuhr die Familie, dass sie ihn umgebracht hatten. Die Mörder wurden zwar nach dem Genozid gefasst, aber nie verurteilt. Stattdessen entließ man sie wieder in ihre alte Umgebung. „Was den Tod unseres Vaters angeht, so haben wir zwei verschiedene Versionen gehört. Einige sagten, sie hätten ihn erschossen. Andere sagten, dass er mit einem Metallspieß getötet wurde."

Auch wenn der Genozid gestoppt worden war, war das Morden noch lange nicht vorbei. Denn nun hieß es an vielen Orten: „Kein Zeuge darf überleben!" Es dauerte noch ein paar Jahre, bis das Land wieder zu sich fand und tatsächlich Frieden einkehrte.

Vitals Mutter war traumatisiert. Wie sollte sie mit der Familie überleben? Wie sollte sie, auf sich gestellt, die Kinder versorgen und alle neun durchbringen? Fragen, die neben der Trauer über den Verlust ihres geliebten Mannes zusätzliche Bürden auf sie legten. In dieser Zeit kam ein Verwandter ins Camp und berichtete, dass alle Familien nun wieder in ihre Dörfer und Häuser zurückkommen könnten, der Krieg sei vorbei.

Auch Vitals Familie ging zurück in ihr Haus nach Magu. „Monatelang haben wir uns aber nicht getraut, auch die Nächte in unserem Haus zu verbringen. Wir hatten einfach zu viel Angst. Und so haben wir immer im Busch geschlafen."

Neben dem Trauma, das nach diesen hundert teuflischen Tagen über dem ganzen Land lag, hatte die Familie noch weitere eigene Themen zu bewältigen. Der Haupternährer war tot. Wie sollte die

Familie überleben? Und: Der Mörder lebte im Nachbardorf. Man würde sich also immer wieder über den Weg laufen.

Mama Vital, wie Alphonsine von allen liebevoll genannt wurde, erzählte mir später: „Es war kaum zu ertragen, ihn zu sehen oder ihn zu treffen. Jedes Mal merkte ich, wie der Hass in mir aufstieg und immer mehr Raum gewinnen wollte. Ich habe mehr als einmal darüber nachgedacht, wie ich Rache üben könnte und auf welche Weise ich ihn töten würde."

Der Mann lebt heute immer noch im Nachbardorf. Und das hat seinen Grund.

8

Wie Kirchen zu Komplizen wurden

Es gibt Christen, die meinen, die Welt wäre besser, wenn möglichst viele Menschen sich einer christlichen Kirche zugehörig fühlen würden. Dass das eine fromme Illusion ist, zeigt die Geschichte Ruandas. Zur Zeit des Völkermordes bekannten sich 90 Prozent der Gesamtbevölkerung zum christlichen Glauben. Über 60 Prozent davon gehörten der katholischen Kirche an.

Bis heute dominieren vier Religionen das Leben in Ruanda. Die katholische Kirche ist nach wie vor die größte, mit immer noch 65 Prozent der Bevölkerung. Kein Wunder, waren es doch katholische belgische Missionare, die im 19. Jahrhundert das Christentum ins Land gebracht hatten. Neun Prozent der Ruander gehören heute einer protestantischen Kirche an. Die wurde von Engländern, Amerikanern und Dänen ins Land gebracht. Der Islam erreicht ungefähr neun Prozent der Menschen. Daneben gibt es noch ca. 17 Prozent Anhänger traditioneller afrikanischer Religionen.

Grundsätzlich war und ist spirituelles Bewusstsein im Land sehr weit verbreitet. So ist vielleicht auch das ruandische Sprichwort zu verstehen: „Tagsüber hält sich Gott im Ausland auf, aber abends kehrt er immer zurück nach Ruanda."

Offensichtlich hat Gott sich demnach in der Nacht vom 6. auf den 7. April 1994 verlaufen und ist nicht zurückgekehrt, wie Beobachter meinen. Dass das nicht stimmt, wird das nächste Kapitel zeigen. Aber bleiben wir noch bei der Rolle der Kirchen im Genozid. 90 Prozent der Täter des Völkermordes sollen einer christlichen Kirche angehört haben. Wirklich?

Vital bestätigt diese Zahl und wir kommen augenblicklich in ein angeregtes Gespräch über die Rolle der Kirchen. Gerade die katholische Kirche habe eine zentrale und überaus schlechte Rolle gespielt, erläutert Vital. Das sei sicher auf die fehlgeleitete Missionierung des Landes im neunzehnten Jahrhundert zurückzuführen. „Viele Menschen scheinen nicht wirklich begriffen zu haben, was das Evangelium ist, was Nächstenliebe bedeutet und was mit Nachfolge gemeint war. Vielleicht waren es überwiegend Papierchristen."

Diese Beurteilung wird auch von der langjährigen Präses der Synode der Evangelischen Kirche in Deutschland, Irmgard Schwätzer, bestätigt. Sie war während ihrer außenpolitischen Laufbahn als Staatsministerin Ende der Achtzigerjahre oft in Ruanda und hatte den Eindruck, dass die Ahnen und Voodoo immer wichtiger waren als der liebe Gott.

Das erinnert mich an die erste Evangelisation nach dem Fall der Mauer mit Billy Graham im Olympic Stadium in Moskau. Massen an Menschen sind an die Tische gegangen, um sich eine kostenlose Bibel zu besorgen. Als ich einige fragte, warum sie dieses Buch haben wollten, sagten sie ganz unvermittelt: „Das ist doch euer Wirtschaftsbuch. Wir wollen auch endlich Reichtum haben."

Wenn Mission nur zu neuen äußeren Gewohnheiten führt, wie dem Besuch eines Gottesdienstes am Sonntag, aber nichts von der eigentlichen Botschaft des Evangeliums verstanden wurde, dann muss man sicher auch hinter den christlichen Glauben der Ruander des Jahres 1994 ein sehr großes Fragezeichen machen. Insofern stellt sich tatsächlich die Frage, ob dort wirklich Christen andere Christen ermordet haben.

Dazu kommt eine unglückselige Verquickung zwischen geistlichem und politischem Machtanspruch. Wenn Christen anfangen (mit)regieren zu wollen, nur um die Macht zu schmecken, dann wird es gefährlich. Und das scheint in Ruanda bereits viele Jahre vor dem Völkermord geschehen zu sein. Die enge Verknüpfung der Kirchenführung mit der Politik, die fehlende Distanz der Kirche zur politischen Macht legte bereits vor Ausbruch des Völkermordes die christliche Botschaft von Liebe, Vergebung und Versöhnung in Ketten.

Aber: Nicht immer und überall stellte sich die katholische Kirche auf die Seite der Täter und machte sich selbst zu Komplizen. Es gab viele Priester und Mitarbeiter der Kirche, die sich aufopferungsvoll auf die Seite der Tutsi stellten. Einige von ihnen konnten so vor dem sicheren Tod bewahrt werden. Die Beschützer zahlten oft mit dem eigenen Leben dafür.

Es gab aber eben auch die anderen: Die Kollaborateure des Teufels, die Hass von den Kanzeln predigten oder sogar selbst zu Waffen griffen. Andere verrieten Verstecke von Tutsi oder gaben vor, dass ihre Kirchen „sichere Orte" seien, nur um die Tutsi ihren Feinden auszuliefern.

Ein besonders perfides Beispiel ist das des katholischen Priesters Athanase Seromba, der vom UN-Völkermordtribunal in Arusha zu lebenslanger Haft verurteilt wurde. Unter dem Vorwand, seine Kirche sei ein sicherer Ort, hatte er 2.000 Tutsi in sein Kirchengebäude gelockt. Die Türen wurden verschlossen, er rief die Mörder herbei, die dann mit einem Bulldozer das Gebäude einfach einebneten. Wer fliehen konnte, wurde draußen von bereitstehenden Hutu-Banden einfach abgeknallt.

Nicht minder grausam und unverständlich ist die Geschichte einer Ordensfrau, die die ihr anvertrauten Kinder in einem Waisenhaus nicht schützte, sondern mit Macheten bewaffnete Jugendliche herbeirief, die keine Überlebenden übrig ließen.

Die Geschichte der Kirche Sainte Famille mitten in Kigali ist genauso grausam. Der damalige Priester Wenceslas Munyeshaka hatte es mit fast 20.000 Flüchtlingen in seiner Kirche zu tun. Er verschleppte viele Frauen in ein nahes Hotel, um sie dort zu vergewaltigen. Wenn zu viele Flüchtlinge in die Kirche wollten, wählte der Priester die aus, die erschossen wurden. Anschließend wurden sie irgendwo auf einem Feld verscharrt. Wencelas setzte sich nach dem Völkermord nach

Frankreich ab, wo er bis heute als Priester in einer katholischen Kirche tätig ist. Obwohl von einem ruandischen Gericht wegen seiner Mitwirkung am Völkermord verurteilt, wurde der Fall im Oktober 2015 in Frankreich zu den Akten gelegt. Er predigt noch heute!

Die vielen Geschichten von nicht gewährtem Schutz, von aktivem Verrat, von Mitläufern, Kollaborateuren und engagierter Unterstützung der Mörderbanden lasten bis heute schwer auf den beteiligten Kirchen. Viele der Genozid-Gedenkzentren befinden sich in Kirchen. Orte, an denen das lebendige Wort Gottes verkündigt werden sollte, wurden zu Todesfallen gemacht. Schon in den Jahren vorher war das Klima in den Kirchen kontinuierlich vergiftet worden.

In Kirchengebäuden wurden mehr Menschen umgebracht als an allen anderen Orten im Land. Die meisten Massaker hatten in katholischen Kirchen stattgefunden. Neben Rosenkranz, Weihrauch und Messbechern türmten sich Macheten, Speere, Pässe, Schuhe und Kleiderberge auf – und Leichen.

Vielleicht haben die Kirchenführer einfach jahrelang versäumt, die biblische Botschaft in den Alltag zu holen. Die christliche Kirche neigt manchmal dazu, so stark auf den Himmel ausgerichtet zu sein, dass sie dabei schon mal die Bodenhaftung verliert.

Nachdem der Spuk nach einhundert Tagen vorbei zu sein schien, drängte sich eine Frage direkt auf: „Wie konnte es sein, dass Menschen, die sich auf die Bibel beriefen und deren Botschaft predigten, sich auf die Seite von Mördern, Verbrechern, Vergewaltigern und Verrätern stellten?“

Trotz aller Kritik eignen sich die Kirchen als Institutionen nicht als Sündenböcke für den Genozid. Auch wenn es in Ruanda strukturelle und institutionelle Gegebenheiten in den Kirchen gab, die den Massenmord ermöglichten. Letztlich sind es immer die Menschen, die eigene Entscheidungen treffen. Entscheidungen mit tödlichen Folgen. Entscheidungen, von denen sie sich als Täter auch nicht freisprechen können. Würdenträger, die sich nicht als solche erwiesen haben. Ganz im Gegenteil.

In den Gerichtsprozessen direkt nach dem Genozid waren über 100 Priester und Verantwortliche aus Kirchen angeklagt und wurden schuldig gesprochen.

Die protestantische Kirche hat bereits 1996, also zwei Jahre nach dem Genozid, ihre Mitschuld eingestanden und offiziell um Vergebung gebeten.

Die katholische Kirche hat dafür unfassbar lange gebraucht. Papst Johannes Paul II. hat 1996 eine Mitverantwortung der katholischen Kirche für den Völkermord rundweg abgelehnt. Die Schuld läge ausschließlich bei einzelnen Tätern und nicht bei der Kirche. Kein Wunder. In der Zeit vom 10. April bis zum 8. Mai 1994, also exakt zur Zeit des tobenden Völkermordes, wurde in Rom die erste Sonderversammlung für Afrika abgehalten. Der Leitgedanke: „Die Kirche in Afrika und ihr Evangelisierungsauftrag im Hinblick auf das Jahr 2000." Der Völkermord wurde mit keinem Wort zur Sprache gebracht.

Erst im April 2017 sprach Papst Franziskus bei einem Besuch des ruandischen Präsidenten Paul Kagame von „tiefer Trauer" über den Genozid. 23 Jahre nach dem Massenmorden räumte er eine Mitschuld der katholischen Kirche ein. Das war längst überfällig.

9

Weiterleben mit dem Schmerz

„Wir saßen an den Flüssen Babylons und weinten, immer wenn wir an Zion dachten. Unsere Lauten hängten wir an die Zweige der Pappeln, wir hatten aufgehört, auf ihnen zu spielen.“ (Psalm 137, 1-2)

Was das Volk Israel in diesem Lied beklagt, ist das Gefühl der Entwurzelung. Nichts ist mehr, wie es war. Die Erinnerung ist furchtbar. Es ist zum Heulen. Ein Lied in Gefangenschaft.

Es gibt Situationen, wo Menschen trotz wiedergewonnener Freiheit gefangen sind. Das eigene Land ist fremd geworden. Menschen, von denen man dachte, man würde sie kennen, sind zu Fremden geworden.

Im Land der tausend Hügel reihten sich am Ende des Genozids nun Grabhügel an Grabhügel. Täter und Opfer mussten in Zukunft nebeneinander leben. Ihnen blieb keine andere Wahl. Würden sie jemals wieder *miteinander* leben können? Würde es gelingen, den Hass zu besiegen? Was würde mit den Tätern geschehen, was mit den vielen, die es einfach haben geschehen lassen? Die einfach mitgelaufen sind?

„Das Leben muss jetzt irgendwie weitergehen“, das sagte sich auch Alphonsine, wenn sie ihre Kinder anschaute. Aber wie? Der Schmerz saß tief. Aber sie konnte auf etwas bauen, das in Krisenzeiten besonders wichtig ist: Zusammenhalt in der Familie.

Vitals Vater war der Haupternährer gewesen. Sie hatten ihn verloren. In diesem schrecklichen Bürgerkrieg standen am Ende alle als Verlierer da. Das Land hatte verloren, viele Ruander hatten Verwandte und Freunde verloren, die Kirche hatte verloren, in den Dörfern waren viele Verluste zu verzeichnen. Die Weltgemeinschaft hatte jegliche Glaubwürdigkeit verloren. Und doch blieb nicht viel Zeit für Trauer oder zum Klagen. „Was wirklich schwer wog, war, dass das Vertrauen zueinander verloren gegangen war. Unser Leben würde niemals wieder dasselbe sein. Und wir merkten, wie auf einmal etwas bei uns Einzug hielt, was wir bis dahin nie gekannt hatten: Armut. Meine Mutter war auf einmal für alles allein verantwortlich. Sie musste das Geld besorgen. Für Nahrung, Kleidung, Schule, Medikamente – und alles, was so anfiel. Und das für neun Kinder. Das war sehr hart“, erinnert sich Vital an diese Zeit.

Die Familie fiel in der Folgezeit unter die von der Weltbank angezeigte Grenze für extreme Armut von 1,90 USD/Tag. Es fehlte an allem. Auch hatten sie kein frisches Wasser, das es nur einige Kilometer entfernt vom Dorf gab. Die Infrastruktur war auch zerstört, die sanitären Anlagen waren eine einzige Katastrophe, was besonders während der Regenzeit zum Problem wurde. Schulbildung für die Kinder wurde auch erstmal ins Land der Träume verfrachtet. Nicht einmal das Geld für die Schuluniformen bzw. für das Schulgeld war übrig.

Das gesamte Umfeld im Dorf hatte sich schlagartig verändert. Viele Menschen waren einfach verschwunden. Entweder getötet oder als Täter inhaftiert. „Ich bekam es mit der Angst zu tun, denn ich war ja ein Junge. Die Leute sagten, dass gerade Männer entweder getötet wurden oder getötet hatten und deshalb im Gefängnis saßen.“

Aber weder Klagen und Weinen noch nach Schuldigen suchen oder sogar Rache üben, schien jetzt das Wichtigste zu sein. Nein, jetzt ging es einzig und allein darum, als Überlebende ein neues Leben zu gestalten. „Und das war für uns mega-hart“, erinnert sich Vital an die Zeit direkt nach dem Ende des Bürgerkrieges. „Wir hatten kein Geld, weil die Banken uns keinen Zugang zu den Konten unseres Vaters gewährten. Auch gab es andere Probleme, denn die Milizen hatten viele Minen ausgelegt. Mein 10 Jahre alter Cousin starb beim Fußballspielen. Er trat auf eine Mine. Die politische Situation war nach wie vor ein einziges Chaos. Dadurch wurden auch viele unschuldige

Menschen inhaftiert. Keiner wusste mehr Bescheid, jeder konnte jeden irgendwelcher Taten bezichtigen. Der Bürgerkrieg hatte ein Ende gefunden, aber damit war ja noch lange nicht auch der Hass beendet. Das ganze Land war in einer Schockstarre. Was war passiert? Wie konnte uns so etwas passieren?"

Es gab viele Kriegswaisen. Das gesamte gesellschaftliche Leben war zum Erliegen gekommen. Alles musste neu aufgebaut und wieder neu gestartet werden. „Unser Leben bekam auf einmal eine ganz andere Richtung. Ich erinnere mich an viele Tage, wo ich hungrig ins Bett gegangen bin. Auf einmal konnten wir uns nicht mehr mit allem Notwendigen versorgen. Von dem früher erlebten Überfluss konnte keine Rede mehr sein. Das Gegenteil war eingekehrt. Meine Mutter entwickelte viele kreative Ideen, um uns am Leben zu halten. Sie hat Getränke gemixt und verkauft, sie hat in unserem Garten grüne Bohnen angepflanzt und sie verkauft. Zwei Kühe hatten überlebt, später kamen noch einige dazu. Wir konnten Milch verkaufen. Auch hatten wir selbst später etwas zum Essen, wenn auch nie wirklich viel für alle, schon gar nicht auf dem Niveau unseres früheren Lebens."

Die Geschwister unterstützten nicht nur die Mutter, sondern auch sich gegenseitig. Die Älteren kümmerten sich um die Jüngeren. Sie sorgten auch dafür, dass es den Kühen gut ging. Dabei musste auch der kleine Vital anpacken. Heute kann er sich gar nicht mehr vorstellen, wie er die Kühe immer wieder zu den wenigen Stellen führen konnte, wo sie etwas zu fressen fanden.

Darüber hinaus galt es, das Trauma des Genozids als Familiengemeinschaft irgendwie zu verarbeiten. Dabei halfen unzählige Gespräche. „Das tun wir übrigens bis heute. Ich denke, dass schlimme Erfahrungen dann bewältigt sind, wenn wir unbefangen darüber sprechen können."

Die Kinder sahen auch zu, dass es der Mutter gut ging und sie auch zwischendurch Zeit hatte, um zu trauern. Mit der Zeit fasste Alphonsine immer besser Fuß und begann mit einer Landwirtschaft.

Schließlich schaffte sie es auch, wieder einen kleinen Laden aufzubauen, um ihre Produkte zu verkaufen.

Wer so etwas erleben muss und durch so harte Zeiten geht, ist doch irgendwie fürs Leben gezeichnet, oder? Ich fragte Vital: „Gibt es etwas Positives, das du aus dieser Zeit mitgenommen hast?"

Er musste nicht lange überlegen, um zu antworten: „Gott ist da und er ist auch ein Versorger! Er hat uns nie im Stich gelassen. Gerade für mich als kleinem Jungen, der die Welt ja erst entdeckte, habe ich in dieser Zeit die Basis für mein späteres Leben erhalten. Ja, es war hart. Ja, ich hatte oft Hunger und habe vieles vermisst. Aber mein Herz wurde geformt. Es wäre schön, wenn ich dir jetzt auch sagen könnte, dass ich in dieser Zeit sehr viel über Vergebung und Versöhnung gelernt habe, aber ich habe da immer noch meine Probleme. Manchmal fällt es mir auch heute noch schwer, selbst über kleine Dinge einfach mal hinwegzusehen und Fünfe mal grade sein zu lassen. Trotzdem würde ich behaupten, dass ich in dieser Zeit grundsätzliche Dinge über Vergebung und Versöhnung gelernt habe."

Und etwas anderes nimmt Vital aus dieser Zeit mit in sein Leben. „Beten hilft! Wir haben als Familie sehr oft gemeinsam gebetet. Es gab auch reichlich Grund dafür, denn wir hatten Hunger. Mehr als einmal haben wir erlebt, dass Verwandte oder auch manchmal Freunde vorbeigekommen sind und haben uns Essen gebracht. Wir haben uns voll auf Gott verlassen. Wir haben seine Gegenwart in unserer Familie immer gespürt. Was soll ich sagen? Wir haben alle überlebt!"

10

Es braucht ein ganzes Dorf …

Der erste Vogel begrüßt den Tag und weckt den Hahn irgendwo in der Straße. Der hat offensichtlich auf diesen kleinen Startschuss gewartet und beginnt, mit lautem Krähen einzustimmen. Die Sonne erscheint und bereits nach kürzester Zeit wird es warm im Dorf. Kinderstimmen sind zu hören, eine Mutter beginnt, vor ihrem Haus Feuer zu machen. Auf einer Metallscheibe über dem Feuer wird Maisbrei gebacken. Das erste Moped startet und langsam füllen sich die Wege zwischen den Häusern und es startet ein reger Betrieb auf der Hauptstraße, die dieses Dorf mit anderen verbindet. Es ist erst 5.30 Uhr, aber hier beginnt innerhalb kurzer Zeit eine Geschäftigkeit und ein Trubel, als seien alle schlagartig auf den Beinen.

Einige Frauen tragen bereits Körbe mit allen möglichen Waren auf dem Kopf. Getränke, kleine Stoffbeutel mit Nüssen, eine trägt lange Holzstangen. Sehr wahrscheinlich ist irgendwo ein Markt. Da sollte man nicht zu spät kommen. Markttage sind für alle Dorfbewohner aufregende Ereignisse. Auf den Märkten kommen die Menschen aus allen Dörfern der Umgebung zusammen. Sie tauschen Neuigkeiten aus, betreiben Handel oder tauschen manchmal auch Waren. Andere Frauen waschen vor ihrer Hütte, die oft aus Back- oder Ziegelsteinen gebaut ist, Wäsche in großen Trögen.

Kinder und Jugendliche tragen Eimer oder Plastiktonnen, um Wasser zu holen. Kurze Zeit später machen sich die meisten Erwachsenen auf den Weg auf die Felder. Kühe werden die Feldwege entlanggetrieben, um den Tag über irgendwo außerhalb des Dorfes zu grasen. Angebaut wird Gemüse, Getreide und Obst. Die Saat wird mit dem

Ende der Trockenzeit ausgebracht, die Ernte am Ende der Regenzeit eingebracht. Dabei müssen alle mithelfen, egal ob Groß oder Klein. Und so werden auch die kleinen Kinder von Beginn ihres Lebens an eingebunden.

Gefühlte Horden von Kindern begeben sich auf den Schulweg und tragen mit Stolz ihre Uniformen. Einige beginnen miteinander zu diskutieren, andere gehen Hand in Hand. Andere Kinder treiben eine kleine Herde Ziegen vor sich her. Andere begeben sich früh auf den Weg zur Schule, die ersten Boutiquen und kleinen Läden öffnen. In dem einen gibt es Cola, Fanta und Ingwer-Limonade mit dem vielsagenden Namen „Stoney". Andere bieten Kaffee oder Tee an, Bohnen, Reis, Backbananen oder Maisbrei. Der Friseursalon öffnet, einige Herren in Anzügen betreten ihn, um danach mit neuer Rasur in die Stadt zu fahren. Die Büros der wenigen größeren Städte rufen.

Abends scheint der Film zurückgespult zu werden. In afrikanischen Ländern gibt es keine wirkliche Dämmerung. Gegen 18.00 Uhr ist es, als wenn der Tag plötzlich das Licht ausschaltet. Das bedeutet nicht, dass die Ruhe eingeleitet wird. Im Gegenteil: Die Straßenhändler öffnen ihre Läden, die oft aus auf dem Boden ausgelegten Tüchern bestehen. Blecheimer mit Holzkohle, Straßengrills mit Ziegen- oder Hühnerfleisch und Straßengeschäfte mit allen möglichen Angeboten haben ihren großen Auftritt. Und mittendrin als quirliger Mittelpunkt aller Aktivitäten Horden von Kindern.

Die Mehrheit der Menschen in Ruanda lebt auch heute noch auf dem Land. In Dörfern, die sich meistens aus mehreren Familienverbänden zusammensetzen. In der Mitte liegt jeweils der Dorfplatz, und hier findet das wahre Leben statt. Die Kinder spielen im Schatten der Bäume, Frauen sitzen in Gruppen zusammen und arbeiten miteinander oder quatschen. Eine Zuordnung der Kinder zu den Frauen ist unmöglich. Hier scheint jedes Kind allen zu gehören. Erzogen wird in der Zeit von Vitals Kindheit gemeinsam, zumindest scheint es so, dass alle das Recht haben, ein Kind auf den Schoß zu nehmen, es zu umarmen oder auch es zurechtzuweisen. Heutzutage sieht das ein wenig anders aus, der Individualismus hat auch hier Einkehr gehalten und die dörfliche Struktur verändert.

Wer schon einmal in Afrika unterwegs war, kennt die Begrüßungsszene, die sich in jedem Dorf gleich abspielt: Kaum ist das Auto verlassen, scharen sich die Kinder um einen, um zu lachen, einen neugierig zu begutachten oder miteinander über den unerwarteten Besuch zu tuscheln. Ich habe es oft erlebt, dass Kinder ganz verstohlen meine Arme berührt haben, um zu testen, ob die weiße Farbe eventuell abwischbar ist. Wer sich auf sie einlässt und ihren Blicken nicht ausweicht, kann innerhalb kürzester Zeit viele neue Freundinnen und Freunde finden. Und dann ist einfach nur noch ausgelassener Spaß angesagt. Lachen und pure Freude. Kinder sind ein Geschenk – auf keinem anderen Kontinent wird das so deutlich wie in Afrika.

„Man braucht ein ganzes Dorf, um ein Kind zu erziehen", sagt ein afrikanisches Sprichwort. Vital ist überzeugt, dass es seinen Ursprung in Ruanda hat. Ich bin mir da nicht so sicher, denn ich habe es als Sprichwort aus Nigeria, Namibia und Tansania kennengelernt. Aber es spielt keine Rolle, wer nun der wahre Urheber ist, denn es ist etwas dran. Nicht ganz informierte und sich selbst als „aufgeklärte" Kritiker sehende, meistens aus dem weißen Westen kommende Beobachter kritisieren dieses Sprichwort. Sie meinen, die Familien würden dadurch „abgewertet" oder diskriminiert, denn eine solche Aussage würde bedeuten, dass die Familien alleine nicht fähig sind, ihre Kinder zu erziehen.

„Völliger Blödsinn", lacht Vital. „So etwas können nur Leute sagen, die noch nie in einem afrikanischen Dorf gelebt haben. Familien, die unfähig sind, zu erziehen! Pah! Das Gegenteil ist der Fall. Alle tragen Verantwortung für die in ihrem Dorf lebenden Kinder. Jeder schaut nach ihnen, macht Scherze mit ihnen, ist einfach da, wenn sie jemanden brauchen."

Und erzieht mit. Was bedeuten kann, dass ein Kind selten allein gelassen wird, sondern immer jemand in der Nähe ist, der ein wachsames Auge auf das Kind hat. Afrikanische Familien sind traditionell stabile Institutionen. Das gilt bis heute, auch wenn der Individualismus inzwischen schon in den Dörfern Einzug hält. Die Großfamilie ist der Mittelpunkt der Gesellschaft und ein ideales Lernfeld, um zum Beispiel soziale Verantwortung zu lernen. Dass gerade in den ärmsten Dörfern der Welt Eltern vor allem einen Wunsch haben, ist nur zu verständlich: „Unsere Kinder sollen es einmal besser haben."

Vital weiter: „Wie aber sollen Familien, die arm sind, das alleine schaffen? Das ist ohne die Unterstützung der anderen nicht möglich. In einer Dorfgemeinschaft lernst du bereits als Kind Solidarität, Fürsorge und Mitmenschlichkeit. Egal, was in einer Familie passiert, ob Geburt, Taufe, Hochzeit oder ein Todesfall – das ganze Dorf nimmt daran teil."

Im Dorf findest du auch schnell Freunde, meint Vital. Zum Raufen und Kräftemessen, die Kühe gemeinsam hüten, Wasser holen und dabei reichlich Unsinn schwätzen und Autos bauen: „Als Kind hatte ich immer den Wunsch, ein Fahrrad zu besitzen. Wann immer sich eine Gelegenheit bot, im Dorf ein Fahrrad zu ergattern, ich saß drauf! Auch träumte ich immer davon, irgendwann mal ein Auto zu fahren."

Bis es so weit ist, baute Vital mit seinen Freunden Autos aus Holzstümpfen und ließ dann seiner Fantasie freien Lauf. Brummmmmmmmm …

Die Freude am Autofahren hat er sich bis heute erhalten. Als ich viele Jahre später mit ihm einmal den Hockenheimring besuchte, zögert er keine Sekunde, um im Formel-1-Simulator ein paar Runden zu drehen. Ich habe selten einen Erwachsenen so happy gesehen.

„Und natürlich haben wir bei jeder Gelegenheit Fußball gespielt. In Ruanda ist das der Sport Nummer 1. Kicken kannst du ja überall. Nur mit dem Ball war es manchmal nicht ganz so einfach. Lederball? Fehlanzeige! Wir haben Bälle aus allen möglichen Stoffen gebastelt. Papier und Pappmaschee, Hühnermägen, Plastikabfälle."

Freunde aus dieser Zeit hat er noch bis heute. Immer wenn er seine Heimat besucht, ist natürlich auch ein Besuch der Freunde mit eingeplant. „Das sind nicht sehr viele, aber die wenigen bereichern heute noch mein Leben."

Oft träumte Vital in seiner Kindheit von einem besseren Leben. „Es haben sich sogar einige dieser Träume erfüllt. Irgendwann bekam ich ein eigenes Fahrrad. Später habe ich den Führerschein gemacht und kann heute Auto fahren. Ich besitze sogar eins! Ich wollte immer ein Instrument spielen. Heute spiele ich Gitarre. Aber das alles ist nichts gegen meinen Traum, studieren zu können und vielleicht sogar einmal in Europa zu studieren. Beides hat sich auf wundersame Weise erfüllt. Nur das mit dem Pilotwerden hat irgendwie nicht so richtig geklappt. Ich arbeite noch dran ..."

11

Auf der Suche nach Gerechtigkeit

„Gott, gib mir die Gelassenheit, Dinge hinzunehmen, die ich nicht ändern kann, den Mut, Dinge zu ändern, die ich ändern kann, und die Weisheit, das eine vom anderen zu unterscheiden.“

Dieser Spruch aus dem frommen Poesiealbum, den wir auch schon mal auf sonnenuntergangsgetränkten Postkärtchen finden, wirkt vor dem Hintergrund eines Völkermordes fast zynisch. Und trotzdem: Irgendwie muss es weitergehen, auch in Ruanda. Aber wie? Hilft Gott wenigstens jetzt, wenn er schon die letzten hundert Tage im Land nicht erkennbar anwesend war?

Als Alphonsine mit ihren neun Kindern im Juli 1994 den schweren Weg aus dem Camp zurück in ihr Haus nach Magu Village ging, wusste sie noch nicht, was sie erwarten würde. Weder kannte sie den Zustand von Haus und Grundstück noch hatte sie eine Vorstellung davon, wie der Dorfplatz aussehen würde. Und was die bisherigen Beziehungen untereinander im Dorf anging, entwickelte sich auch mit jedem Schritt ein größeres Fragezeichen.

Vital stockt noch heute die Sprache, wenn er von dem Moment der Rückkehr ins eigene Haus erzählt: „Wir kamen zu Fuß zurück, zwei Kühe im Schlepptau, ansonsten hatten wir nur das, was in unseren Rucksäcken war. Als wir in unser Haus kamen, war alles geplündert. Es war sehr dunkel und schmutzig. Auf unserem Weg nach Hause kamen wir an sehr vielen zerstörten Häusern vorbei. Dort hatten Tutsi gelebt. Auch mussten wir an getöteten Menschen vorbeigehen, die einfach so am Straßenrand lagen. Es war ein wirklich dunkler Moment für uns alle. Ein Onkel von uns hatte überlebt. Er kümmerte sich in den ersten Tagen um uns. Später kam auch eine Tante, die in Kigali überlebt hatte, und brachte uns ab und zu etwas zu essen. Unser Dorf war nicht mehr dasselbe, das wir verlassen hatten. Wir konnten irgendwie niemandem mehr vertrauen."

Vitals Mama hat ebenfalls keine guten Erinnerungen an diese Zeit: „Als wir zurückkamen, begannen die eigentlichen Probleme. Die Atmosphäre im Dorf war vergiftet. Eine große Dunkelheit hatte das ganze Dorf erfasst. Ich wollte niemanden mehr sehen oder sprechen. Ich wollte noch nicht einmal mehr in die Kirche gehen. Es hatte sich ein langer Schatten auf unser Leben gelegt. Es war eine sehr, sehr dunkle Zeit. Ich wurde dann auch noch krank und hatte sehr schweres Asthma. Die Krankheit raubte mir fast alle körperlichen Kräfte. Aber Jesus war da und hat uns durch diese schwere Zeit begleitet und hat uns geholfen. Meine ganze Familie war ermordet worden. Ich hatte also keine Unterstützung durch meine Verwandten. So auf mich allein gestellt, war Jesus der Helfer, der mir auch den Ehemann ersetzte. Ohne Jesus hätten wir niemals überlebt."

Vor allem die Nächte waren nach wie vor gefährlich. Auf ihrem Gelände wurde eingebrochen. Einmal versuchten Diebe, die beiden Kühe zu stehlen. Die älteren Geschwister schafften es, sie zu vertreiben. Die Familie verbrachte die Abende und Nächte für viele Wochen grundsätzlich nicht mehr im eigenen Haus. „Manchmal konnten wir bei Freunden unterkommen, aber die meisten Nächte haben wir uns irgendeinen Schlafplatz im Wald gesucht. Dabei haben wir uns oft auch getrennt und an verschiedenen Plätzen übernachtet."

Ich muss ehrlich gestehen, ich kann es mir überhaupt nicht vorstellen, wie ich in dieser Situation reagiert hätte. Resignation, Tatendrang, Aktivismus? Wie lebt man mit Nachbarn, die zu Feinden geworden sind? Ich würde sehr wahrscheinlich immer zusammenzucken, wenn ich das Geräusch einer Machete höre, und wenn es nur von einem Landwirt ist, der gerade Bananenstauden zerteilt. Oder wenn ich etwas hören würde, das wie ein Schuss klingt. Ich würde sofort schneller gehen, wenn ich hinter mir Schritte höre. Vielleicht mich sofort ducken, wenn es neben mir im Busch knackt. Das Urvertrauen ins Leben wäre bei mir nicht mehr vorhanden.

Zunächst breitete sich nach dem Genozid von 1994 im ganzen Land so etwas wie ein „kollektives Schweigen“ aus. Was sollten die Überlebenden auch zu dem sagen, was unaussprechlich war? Nach einhundert Tagen Hölle schien erstmal etwas Ruhe im Land eingekehrt zu sein. Die Tutsi-Armee RPF unter Führung des bis heute amtierenden Präsidenten Paul Kagame hatte die Regierungstruppen der Hutu teilweise besiegt, teilweise so zurückgedrängt, dass sie keine wesentliche Rolle mehr spielten. Der Genozid war gestoppt. Neben den fast einer Million Toten gab es auch noch die drei Millionen Menschen, die in benachbarte Länder geflüchtet waren.

Zurück blieb ein überwiegend zerstörtes und traumatisiertes Land. Es gab niemanden, der nicht in irgendeiner Weise direkt oder indirekt beteiligt war. Als Opfer, als Täter. Die neue Regierung unternahm alles, um den Hass aus den Köpfen zu bekommen. So wurden sehr bald die Bezeichnungen Hutu und Tutsi offiziell verboten. Alle sollten in Zukunft als Ruander friedlich zusammenleben.

Das war leichter verordnet als gelebt. Was war mit der Aufarbeitung? Das kollektive Schweigen musste gebrochen werden, die Einheit im Land konnte nur wiederhergestellt werden, wenn Wunden heilen dürften. Aber wie sollte das „Land der verletzten Seelen“ Heilung finden? Kagames neue Regierung würde alles in Gang setzen, dass eine Aufarbeitung geschah, die hoffentlich nachhaltig sein würde.

In den ersten Wochen nach dem Genozid war das Leben in den Dörfern fast vollständig zum Erliegen gekommen. Keine großen Treffen am Marktplatz, keine Schwatz-Treffen unterm Akazienbaum, nicht einmal Nachbarn wollten noch miteinander sprechen. Die Menschen zogen sich in ihre Häuser zurück und schwiegen. Selbst die Kinder spielten nicht mehr unbeschwert und fröhlich im Freien.

„Die Regierung hat neue Wege des Zusammenlebens gesucht. Die Herzen mussten neu aufgefüllt werden. Täter und Opfer mussten irgendwie zueinanderfinden. Das Gespräch musste eröffnet werden.

Gleichzeitig konnten aber die Gräueltaten nicht einfach untern Tisch gekehrt werden. Es gab keine Tagesordnung mehr, keinen Alltag. Ruanda befand sich im totalen Ausnahmezustand", versucht Vital mir die Situation seines Landes zu erklären.

„Heute wissen wir, dass der damals eingeschlagene Weg der ‚Gacacas' nicht perfekt, sondern sogar auch sehr fehlerhaft war, aber ohne das wäre es sehr wahrscheinlich überhaupt nicht gegangen."

Die „Gacaca" – eine alte ruandische Tradition, die wieder belebt wurde. Eigentlich ein Begriff für eine Grasart, war es auch ein Begriff für eine Art „Wiesengericht". Die Situation war ohnehin kaum zu bewältigen. Die Gerichte waren mit den Prozessen überfordert. Im August 1996 wurden besondere Strafkammern geschaffen, die sich mit dem Völkermord und den Tätern beschäftigten. Es kamen sehr schnell über 10.000 Verfahren zusammen. Lächerlich angesichts der über 100.000 Gefangenen, die aufgrund ihrer Vergehen in den Gefängnissen saßen. Es würde noch Jahrzehnte dauern, bis alle Fälle abgeschlossen werden könnten.

Also wurden in den Dörfern und in den Regionen um die 1500 Gacaca-Gerichte geschaffen. Eine Art Laien-Gerichtsbarkeit oder Schöffen-Gericht. In Ruanda war es die einzige Möglichkeit, überhaupt ein bisschen Gerechtigkeit walten zu lassen.

Das Ziel dieser Gerichte war nicht die Schuldzuweisung und Verurteilung (obwohl auch das oft geschah), sondern die Aussöhnung und der soziale Frieden. Am Ende würde die Bilanz nicht nur gut aussehen, denn zu Aussöhnung und Versöhnung gehören auch Wahrheit, Buße und Wiedergutmachung. Auch kam es häufig vor, dass Hutu-Täter selbst als Zeugen auftraten und ihre Freunde von allen Vorwürfen reinwuschen. Auch die Einschüchterung von Zeugen war nicht selten. Außerdem mischten sich im großen Maße Täter unter die Richter – und so mussten bis 2006 fast ein Drittel der lokalen Richter (etwa 45.000) ausgewechselt werden.

Im Nachhinein kann man fragen: Wie hätten sie es denn anders machen sollen? Natürlich kann Versöhnung nicht verordnet werden, aber die Gacacas konnten das Gespräch eröffnen. Und ohne Gespräch konnte keine Versöhnung geschehen.

Bis zur Abschaffung der Gacaca-Prozesse im Juni 2012 mussten sich 1,5 Millionen Männer und Frauen für ihre Taten vor den Laiengerichten verantworten. Das ist deutlich mehr als ursprünglich erhofft. Trotzdem konnte das Morden nicht völlig gestoppt werden. Auch in den Jahren nach dem Genozid kam es immer wieder zu neuen Verbrechen. Das Staatsgefüge musste sich erst einmal wieder neu finden. Erst 2007 wurden die Hutu-Milizen vollständig entwaffnet.

Die wöchentlichen Gacacas werden von internationalen Menschenrechtsorganisationen wie Human Rights Watch heute als nicht zielführend angesehen. Sie hätten nicht im Entferntesten für Gerechtigkeit sorgen können. Auch seien die Taten der RPF nicht genügend zur Sprache gebracht worden. Das wird von der Regierung Ruandas und vom Vorsitzenden der ruandischen Kommission für Nationale Einheit und Versöhnung, Bischof Jihn Rucyahana, natürlich grundlegend anders beurteilt. Und wie bei so vielem liegt vielleicht auch hier die Wahrheit in der Mitte. Denn – so führen die handelnden Personen an – es habe auch nie alternative Vorschläge von den internationalen Organisationen gegeben.

Die Opfer sind jedenfalls froh, dass sie bei den Dorfgerichten wenigstens angehört wurden und über ihre Verluste und ihren Schmerz reden konnten. Immerhin wurden so 65 Prozent der Angeklagten schuldig gesprochen und teilweise zu langjährigen Gefängnisstrafen, Reparationszahlungen oder gemeinnütziger Arbeit verurteilt.

Vitals Mutter wurde ebenfalls gefragt, ob sie als Richterin fungieren möchte. „Sie hat sich die Antwort auf diese Anfrage nicht leicht gemacht. Sie hat in der Zeit viel gebetet und auch als Familie haben wir gemeinsam Gott gefragt, wie wir uns verhalten sollten. Meiner Mutter wurde es sehr deutlich, dass sie sich nicht beteiligen würde. Sie hatte für sich eine ganz klare Entscheidung getroffen: Vergebung statt Rache! Also entschied sie sich, nicht als Richterin aufzutreten, sondern Gott zu überlassen, wie er handeln möchte“, erzählt Vital.

Bei unserer ersten Begegnung fragte ich natürlich auch Mama Vital nach ihren Beweggründen. Ihre Antwort kam spontan und sehr klar und abgeklärt: „Mein Herz hat es mir nicht erlaubt, über andere Menschen zu richten. Egal, was sie uns angetan haben. Ich wollte mich nicht daran beteiligen und damit mein Herz und unser Leben belasten. Ich hatte einfach nicht die innere Freiheit dazu und ich wollte einfach mit Gott weiterleben."

Etwas anderes war Alphonsine in dieser Zeit offensichtlich auch noch klar geworden. Das beste Mittel, um einen weiteren Völkermord zu verhindern, ist Bildung. Die alleinerziehende Mutter traf an diesem Abend mit Gelassenheit, Mut und Weisheit eine Entscheidung, die Vitals Leben nachhaltig beeinflussen würde: Der Bengel muss einfach in die Schule!

12

Bildung für ein besseres Leben

Es gibt diese Momente, in denen selbst die Menschen, die eigentlich alles haben, vollkommen verzweifelt sind. Meist finden diese Dramen am Wochenende statt, im Schlaf- oder Ankleidezimmer. Die Szenen gleichen sich wie ein Ei dem anderen: Ein Fest steht an, ein besonderer Anlass oder einfach mal wieder ein Abend mit Freunden. Etwas, das dazu da ist, Freude auszulösen. Stattdessen bewirkt es Frust und manchmal sogar Verzweiflung: Was soll ich anziehen? Wie werde ich aussehen? Und: Warum habe ich nur wieder einen Kleiderschrank voll mit nichts zum Anziehen?

Diese Fragen stellten sich Vital im Jahr 1997 nicht, ebenso wenig seiner Mutter und seinen Geschwistern. Obwohl ein großer Tag bevorstand: Sein erster Schultag.

Wie sollen wir uns den jetzt vorstellen? Schultüte voller Süßigkeiten und Dingen, die Kinder nicht brauchen? Kurz vorher nochmal mit Mama fein shoppen gewesen, um den Kinder-Blazer für den „großen Tag" zu ergattern, für den man sich später dann ein Leben lang schämt, wenn Kinderfotos im Familienkreis die Runde machen?

„Nichts dergleichen." Vital lacht, als ich ihn darauf anspreche. „Auch wenn die Familie bis 1997 zumindest wieder ein bisschen Geld hatte, sodass meine älteren Geschwister wieder zur Schule gehen konnten, waren wir trotzdem weiter arm. Meinst du, da hätte ich eine Wahl gehabt, was ich anziehen würde? Wie war das denn bei dir?" – „Also bei mir war es so, wie ich es mit dem Foto-Beispiel beschrieben habe. Ich war mit meinen Eltern shoppen und durfte mir etwas aussuchen, für das ich mich heute eher schäme“, gebe ich kleinlaut zu.

„Das Gefühl kenne ich“, nimmt Vital mitfühlend den Faden wieder auf. „Damals war mir das aber ziemlich egal oder wie die hier im Ländle sagen: ‚Des isch mir wurscht‘ denn ‚Des frissd koi Hai!‘. Ich habe zu dieser Zeit angezogen, was immer vorhanden war. Oft habe ich die Klamotten der älteren Geschwister einfach bis zum allerletzten Ende getragen.“

„Oh, da weiß ich, wie das ist“, werfe ich ein. „Meine Eltern hatten auch nicht viel Geld und wir waren für deutsche Verhältnisse eine Großfamilie. Ich war das fünfte von sechs Kindern. Wenn Elternsprechtage in der Schule waren, musste meine Mutter mit einem Foto von uns Kindern in die Schule gehen. Wir waren alle auf derselben Schule. Bei uns wurden die Pullover und Hemden auch weitergereicht. Bei fünf Jungen war ich der letzte, der mit dem Tragen dran war. Ich glaube, manche Lehrer konnten unsere Jacken und Pullover irgendwann nicht mehr sehen. Ehrlich gesagt, ich auch nicht“, gebe ich eine kleine Familienanekdote aus meinem Leben zum Besten.

Ich merke direkt, dass ich trotzdem in einer privilegierten Situation aufgewachsen bin, die mit der in Ruanda in keiner Weise vergleichbar ist. Aber es rutscht einem halt immer wieder mal raus, weil wir denken, Schulanfang ist doch Schulanfang. So ist es aber nicht.

„Na, ja, sagen wir es mal so: Cool waren meine Klamotten mit Sicherheit nicht, die ich am ersten Schultag getragen habe. Und später auch nicht“, beendet Vital diesen Themenkomplex, bevor wir in eine Fashion-Diskussion abdriften.

Etwas anderes war viel wichtiger als die Klamottenfrage, denn nicht alle Kinder in Ruanda hatten das Privileg, in die Schule gehen zu dürfen. Das gilt bis heute. Dieses Schicksal teilen sie mit ungefähr 260 Millionen Kindern weltweit, die momentan keinen Zugang zur Schule oder irgendeiner Bildungseinrichtung haben. Die Corona-Pandemie hat seit Anfang 2020 das Problem noch drastisch verschärft, denn durch die Schulschließungen in vielen der ärmsten Länder der Welt haben sich viele Kinder ohne jegliche Abschlüsse unterwegs für immer aus dem Bildungssystem verabschiedet.

Vital hat dafür heute eine Lösung. Wir werden im späteren Verlauf des Buches dazu kommen. Aus dem kleinen Jungen, der es mit Ach und Krach in die Schule geschafft hat, weil seine Mutter unter vielen Entbehrungen dafür gesorgt hat, ist jemand geworden, der heute selbst Schulen baut. In seinem Heimatdorf Magu sorgt Vital heute gemeinsam mit Freunden für Bildung. Die ersten Bausteine dafür werden 1997 gelegt. Im Leben eines kleinen Jungen.

Und das war gar nicht so einfach, wie Mama Vital berichtet: „Vor dem Genozid war alles in unserem Leben gut geordnet. Mein Mann war Lehrer an der Grundschule hier im Dorf, die älteren Geschwister von Vital gingen auf die weiterführende Schule. Die anderen waren in der Grundschule. Vital und seine jüngeren Geschwister waren noch gar nicht in der Schule. Nach dem Völkermord war es für uns sehr schwer, wieder Fuß zu fassen. Ich tat alles dafür, dass die Kinder so schnell wie möglich wieder zur Schule gehen konnten. Das war immer mein Ziel."

Die neue Regierung stellte nach dem Völkermord sehr schnell fest, dass Bildung das wichtigste Mittel gegen das Vergessen ist und wesentlich, um den Versöhnungsweg weiterzugehen.

Vor 1994 war Bildung das Mittel, um Teilung, Hass und Trennung zu fördern. Schon Ende des 19. Jahrhunderts hatten katholische Missionare ein Schulsystem aufgebaut. Es entsprach in wesentlichen Teilen dem Schulsystem Belgiens. Seit 1979 gab es sogar offiziell eine Schulpflicht bis zum 15. Lebensjahr. Doch die Wirklichkeit sah deutlich anders aus. Noch dazu wurde in der Zeit rund um den Genozid Bildung instrumentalisiert und mit verdrehten und zum Hass führenden Inhalten aufgeladen. Schule wurde zur „Kaderschmiede des Hasses". Vielleicht waren gerade deshalb so unglaublich viele Jugendliche und Kinder unter den Tätern. Die Indoktrination mit Hass konnte nicht nur zu Hause geschehen sein …

In Ruanda werden Kinder mit sieben Jahren eingeschult. Sie besuchen sechs Jahre die Grundschule. Dann folgen drei Jahre in einer Mittelstufe. Diese Schulen kosten heute nichts. Die weiterführende Schule danach wird durch Schulgeld der Eltern finanziert. Viele Kinder und Jugendliche gehen den Weg nicht bis zum Ende, sondern brechen deutlich vorher ab.

Heute besuchen in Ruanda ungefähr 400.000 Kinder gar keine Schule oder haben sie schon abgebrochen. Nur jedes zweite Kind beendet die Schullaufbahn. Woran scheitern diese Kinder?

Manchmal sind es ganz banale Dinge, wie die Tatsache, dass der Schulweg viel zu lang ist. Wer mehrere Stunden jeden Tag laufen muss, um Bildung zu erhalten, dem geht unterwegs schon mal leicht die Puste aus. Ein anderer Grund ist die Situation an den Schulen: Eine Lehrerin oder ein Lehrer unterrichten manchmal bis zu 70 Kinder in einer Klasse. Oft fehlen die Mittel für Bücher, Schreibutensilien – von Computern gar nicht zu sprechen. Auch wenn heute das Schulgeld oft wegfällt, wäre da immer noch die Schuluniform. Auch die muss angeschafft werden. Für Familien aus ärmsten Verhältnissen scheitert Bildung bereits, bevor sie anfangen darf.

Und das ist bis heute so: Wer die Schule besuchen kann und eine Ausbildung hat, bekommt bessere Jobs. Bildung ermöglicht auch Frauen und Mädchen eigene Einkommensmöglichkeiten und führt zu einem selbstbestimmten Leben. „Bildung ist die mächtigste Waffe, um die Welt zu verändern“, sagte Nelson Mandela. Und der muss es wissen. Gerade auf dem afrikanischen Kontinent hat Bildung vieles zum Positiven verändert. Eine gute Schulbildung ist der Schlüssel vor allem für Familien in ärmsten Verhältnissen, um der Armut zu entfliehen und das Leben nachhaltig zu verändern.

Diese Erkenntnis hatte Alphonsine offensichtlich, als sie nach den schrecklichen Erlebnissen darüber nachdachte, wie ihr Leben und das der Familie nach 1994 überhaupt weitergehen konnte: „Ich wollte immer, dass meine Kinder einmal ein wirklich gutes Leben haben konnten. Mir war völlig klar, dass das ohne Bildung und einer guten

Erziehung nicht gelingen konnte. Deshalb habe ich mich mit allen Kräften dafür eingesetzt, dass alle Kinder die Schule besuchen konnten. Wenn jemand eine gute Ausbildung hat, dann stehen ihm im Leben viele Türen offen."

1997 war es soweit, dass sich die finanzielle Situation in Vitals Familie konsolidiert hatte, sodass die Kinder wieder zur Schule gehen konnten. Das damals notwendige Schulgeld konnte bezahlt werden und auch das Geld für die Schuluniformen ließ sich irgendwie zusammenkratzen. Mama Vital: *„Die Kirchengemeinde hat mich sehr dabei unterstützt. Sie hat mir geholfen, dieses Ziel zu erreichen."*

„Bei neun Kinder allen die gleiche Aufmerksamkeit zu geben und für jeden in gleicher Weise zu sorgen, ist doch sicher nicht so einfach", schießt es mir durch den Kopf. „Gab es in deiner Familie so etwas wie ‚Mamas Liebling', gab es Neidgefühle, Vital?"

Ich merke sehr schnell, dass bei mir mal wieder typisch westliches, deutsches Konkurrenzdenken meine Fragen treibt. Das merke ich immer wieder, wenn ich in den Slums dieser Erde in den ärmsten Hütten sitze und mit den Jugendlichen das Thema „Neid" besprechen möchte. Neid scheint ein Merkmal der westlichen Welt zu sein und überwiegend bei Menschen vorzukommen, die wirklich alles haben.

Im Nachhinein wundert mich Vitals Antwort daher nicht, sondern beschämt mich einmal mehr: „Bei uns gab es nie ein Konkurrenzdenken in der Familie. Wir wurden, auch als mein Vater noch lebte, alle gleichbehandelt. Es gab keine Bevorzugung. Bei meiner Mutter auch nicht. Es wurde gegessen, was alle aßen, da gab es keine Sonderwünsche. Natürlich ist klar, dass nicht alle gleich schnell gegessen haben. Und so haben sich vielleicht manche einen kleinen Vorteil gegönnt. Aber grundsätzlich waren alle gleich und wurden auch gleich behandelt. Das galt auch für die Erledigung der verschiedenen Aufgaben. Wir haben unser Leben gemeinsam gestaltet. Neid, was ist das? Auch in der Schule habe ich nie Neidgefühle gegenüber meinen Freunden oder gegenüber anderen Kindern gehabt."

Mama Vital ergänzt: „Ich habe alle Kinder gleich geliebt und auch gleich behandelt. Das ist bis heute so. Ich bin Gott dankbar, dass er mir diese Liebe geschenkt hat und ich sie alle gut versorgen konnte. Wenn Kinder zu essen haben, zu trinken und einen trockenen Platz zum Schlafen: Was brauchen sie eigentlich noch mehr?"

Vital erzählt von ausgedehnten Abenden mit der Familie. „Wir haben immer sehr viel Spaß miteinander gehabt. Wir haben ja auch viel miteinander gearbeitet. Oft habe ich nach der Schule noch die Kühe reingeholt oder melken geholfen oder war mit den anderen draußen auf dem Feld, um zu säen oder zu ernten. Oft hat uns die Arbeit auch geholfen, nicht mehr über die Erlebnisse nachzudenken. Manchmal hilft es, einfach das zu tun, was anliegt und nicht zu viel zurückzuschauen. Eins habe ich in meiner Kindheit und Jugendzeit gelernt: Hart arbeiten!"

Das ist aber nicht das Einzige, das Vital aus seiner Familie mit ins Leben nimmt, denn die wesentliche Prägung während der Teenager- und Jugendzeit legt eine gute Basis für sein späteres Leben: „Das Vertrauen auf Gott war für uns der Schlüssel für das Überleben. Wir haben viel miteinander gesungen und gebetet. Unsere Mutter hat uns immer gesagt, dass Gott unser Vater ist und für uns sorgen wird. Sie hat sogar Formulierungen verwendet wie ‚Vater der Vaterlosen' und ‚Ehepartner der Witwen'. Die Liebe unserer Mutter hat uns durch viele schwierige Situationen gebracht. Ihre Freundlichkeit, ihr Glaube, ihre positive Sicht auf das Leben, ihre Gebete für uns und mit uns – wow! Sie ist mein größtes Vorbild geworden."

Und noch etwas anderes beeinflusst den kleinen Vital in diesen Jahren: „Irgendwann kam mein ältester Bruder mit seinem ersten eigenen Auto ins Dorf gefahren. Ein Toyota Pickup Hilux. An dem Tag habe ich gemerkt: Siehste, geht doch! Irgendwann wollte ich auch mal solch ein Auto fahren."

13

Die Brückenbauer der Versöhnung

Nach unseren Erfahrungen mit dem Holocaust müssten wir in Deutschland die Situation nach dem Genozid in Ruanda wohl am besten verstehen können. Auch bei der Beteiligung der Kirchen gibt es durchaus Parallelen, die auf der Hand liegen. Im Dritten Reich gab es Kirchen, die sich nur zu gerne mit den Nazi-Größen verbündeten. Ob es dabei um hanebüchene Begründungen für den Judenmord ging („Sie haben unseren Herrn Jesus umgebracht") oder ob gerne schon mal in Gesprächen erwähnt wurde, „dass der Führer in seiner Jackentasche die Herrnhuter Losungen bei sich trägt …".

Im Nachhinein wollte es auch bei uns kaum einer gewesen sein. Und auch unsere Kirchen taten sich unglaublich schwer, die eigenen Verfehlungen und die eigene Schuld einzugestehen. Doch es gab auch die Dietrich Bonhoeffers, die „dem Rad in die Speichen" gegriffen haben und dabei ihr Leben aufs Spiel setzten. Es gab eine „Bekennende Kirche", die tat, was möglich war, um Jesus-Nachfolge deutlich zu machen im Kontrast zu einer Kirche, die sich weitgehend mit den Mächtigen eingelassen hatte.

Auch in Ruanda gab es nicht nur „Papierchristen" oder „Mitläufer", aktive Unterstützer der Hutu-Banden oder Christen, die nicht das taten, was sie eigentlich sollten, nämlich Nächstenliebe zu üben.

Auch dort gab es viele Aufrichtige, die das Verbrechen kommen sahen und sich darauf vorbereiteten, Widerstand zu leisten. Die Corrie ten Booms Ruandas, die Tutsi in ihren Häusern, auf den Dachböden und in anderen Verstecken vor dem sicheren Tod bewahrten.

Wie nach Ausschwitz oder den vielen Konzentrationslagern von SS und Deutscher Wehrmacht stellte sich auch nach dem Völkermord in Ruanda folgende Frage: „Wenn es einen Gott gibt, warum hat er das zugelassen?".

Kirchen und Christen aller Gemeindeformen haben in Ruanda komplett versagt, haben sich zu Mittätern machen lassen, sind sogar zu aktiven Mördern geworden. ABER: Nicht alle haben mitgemacht.

Da ist zum Beispiel die Geschichte aus Kayonza, einem Distrikt in der Ostprovinz Ruandas. Dort hat sich ein katholischer Priester nicht vor den teuflischen Karren spannen lassen. Er stellte sich gegen die Mörder und vor die Menschen in seiner Kirche. Er bezahlte sein mutiges Vorgehen mit seinem Leben.

Oder da ist die Geschichte der kleinen (katholischen) Kirchengemeinde Saint Paul in Kigali. Der junge Priester Celestine Hakizimana rettete 1.500 Menschen das Leben. Er brachte viele Flüchtlinge in den Zimmern seiner Fortbildungsreinrichtung und des Gästehauses unter. Überwiegend Tutsi. Hakizimana selbst war Hutu. Mehrfach musste er einer Meute von Mördern gegenübertreten. *„Wir hatten nur die Macht der Moral und des Gebets auf unserer Seite"*, sagt er heute über diese dunkle Zeit. Mehr als einmal hat er die Milizen mit Geld, Alkohol oder anderen Geschenken bestochen, sodass sie ihn und seine Flüchtlinge wieder eine Zeit lang in Ruhe ließen.

Während die UN die Blauhelme abzog, sind viele christliche Missionsgesellschaften und Hilfswerke im Land geblieben. Das war wichtig für die Zeit nach dem Völkermord, denn so konnten sie ihren Beitrag für die schrittweise Aufarbeitung und so notwendige Heilung des Landes leisten. Bis heute bringen christliche Gemeinden die Menschen zusammen. Seele, Herz und Gefühle sind nach wie vor noch sehr verletzlich und die Heilung ist noch nicht abgeschlossen.

Direkt nach dem Genozid begann die Versöhnungsarbeit. Ruanda selbst sorgte für die staatlichen Voraussetzungen. Aber der Staat allein reicht bei Weitem nicht aus, um den Menschen neue Hoffnung zu geben. Was die überlebenden Menschen brauchten, waren

Zuwendung, materielle Hilfe, Orte, wo sie sein durften und sich alles von der Seele reden konnten, was sie belastete. Viele dieser Orte sind bis heute christliche Gemeinden und Kirchen. Über 400 von ihnen arbeiten in Partnerschaft mit Compassion und kümmern sich heute um über 100.000 Kinder und Jugendliche. Eine Investition in die Zukunft des Landes.

In vielen Seminaren, Friedens-Camps und wöchentlichen Treffen wurden alle Betroffenen langsam wieder zueinandergeführt. Täter und Opfer, Mitläufer und Verteidiger. Bei allen war der Schmerz groß. Deshalb wurden Begriffe wie Schuld und Vergebung, Verzweiflung und Hoffnung, Krieg und Frieden, Verbrechen und Versöhnung zu Paaren, die neu zu definieren und wo möglich miteinander in einen neuen Einklang zu bringen waren. Das ging nur durch Treffpunkte und Gespräch, durch Trauma-Bewältigung und die Entwicklung von neuen Werten. So etwas geschieht nicht über Nacht und es ist harte Arbeit.

Friedenskonferenzen wurden durchgeführt, Konflikte benannt und gelöst. Und immer wieder wurde die Alternativlosigkeit des „Zusammenlebenmüssens" deutlich. Es musste ja irgendwie weitergehen.

Juristische Aufarbeitung vereinte sich mit beschleunigter Versöhnungsarbeit in den Dörfern und Städten. Ein unglaublicher Kraftakt, der noch heute andauert, auch wenn schon sehr viel erreicht wurde.

Was vor mehr als 20 Jahren in Ruanda geschah, wird wohl nie seine Spuren im Leben der Menschen dort verlieren. Eine anglikanische Gemeinde bei Kigali kümmert sich seitdem um die Opfer. Compassion unterstützt sie dabei. Die anglikanische Gemeinde von Ruhanga wandte sich an Compassion, um etwas für die Kinder zu tun. 1996 schließlich öffnete das Ruhanga Kinderzentrum seine Pforten. Etwa 90 Prozent der Jungen und Mädchen, die zuerst registriert wurden, waren in der einen oder anderen Weise vom Völkermord betroffen. Die Kinder erhielten Schulsachen und die Kosten für ihren Schulbesuch wurden übernommen. Aber auch für eine Krankenversicherung und Dinge des täglichen Bedarfs wurde gesorgt. Und sie hörten neu die Botschaft von der Liebe Gottes.

„Das Wort Gottes verhalf den Kindern zu einer positiven Haltung zum Leben und dazu, diszipliniert zu sein“, erzählt Marcel Mugenzi, heute Pastor der anglikanischen Gemeinde, die das Compassion-Kinderzentrum führt. Mugenzi wurde in Ruhanga geboren, er ist gut mit der dunklen Geschichte seines Ortes vertraut.

„Es war nicht einfach, die Eltern nach dem Völkermord zusammenzubringen, denn viele waren verletzt und traumatisiert und lebten deshalb isoliert“, fährt der Geistliche fort. „Wir begannen, besondere Gebetstage für die Eltern abzuhalten, zu denen wir sie einluden.“ Aus den Gebetstreffen wurden monatliche Treffen für die Eltern, in denen sie aus der Bibel gelehrt wurden, wie sie als Gemeinschaft neu zusammenleben konnten. „Das veränderte ihr Leben, weil sie Jesus Christus kennenlernten und in ihrem Glauben wuchsen.“

Es war ein Neuanfang voller Schmerzen. Menschen in Ruhanga baten um Vergebung für das Tun ihrer Angehörigen. Zaninka, die Mutter eines Patenkindes, hatte ihre ganze Familie verloren. Im Gesicht trägt sie eine lange Narbe, die ihr von einer Machete zugefügt worden war.

Zaninka organisierte ein Versöhnungstreffen in der Kirche: In der Gegenwart von Gemeindeältesten und Regierungsvertretern rief sie die Mörder ihrer Angehörigen nach vorn, vergab ihnen und überreichte ihnen Geschenke.

Die Gemeinde organisierte kleine Gruppen für die Eltern, um einander besser kennenzulernen und füreinander zu beten. Und um sich beim Aufbau einer neuen Existenz zu helfen: Die Gruppen begannen Geld zu sparen, um sich davon gegen Krankheit zu versichern und Ziegen als Nutztiere zu kaufen. Die Jungen konnten sie verkaufen und damit ein besseres Einkommen erzielen. Sie besuchten sich, wenn jemand aus der Gruppe krank war, und halfen sich gegenseitig bei der Gartenarbeit. Compassion hatte diese Methode einfacher Selbsthilfe eingeführt, und nun wurde sie nach und nach von der Kirche für alle Mitglieder übernommen.

Für die Kinder, die unter üblen Bedingungen wohnen mussten, wurden elf Hütten renoviert. Zehn Familien wurde zu einkommensfördernden Maßnahmen verholfen, neun andere erhielten eine Kuh als Existenzgrundlage.

Auch wenn die Institution „Kirche“ kollektiv versagt hatte, so zeigten sich nach dem Genozid die positiven Seiten der Kirchen als Brückenbauer der Versöhnung. Dabei konnten sie auf umfangreiche Unterstützung aus dem Ausland rechnen.

Auch aus Deutschland kam Hilfe. Zum Beispiel aus dem westfälischen Detmold-Hiddesen. Das sogenannte „Detmolder Bekenntnis“ ist ein Zeichen von besonderer Versöhnungsarbeit. Der ökumenische Ruanda-Arbeitskreis veranstaltete 1995 und 1996 Konferenzen, bei denen sich Exil-Ruander beider Ethnien treffen konnten. Ergänzt durch Europäer, die in Ruanda gearbeitet hatten. Es war sicher nicht leicht für sie, zu folgendem Ergebnis zu kommen:

„Wir, in Detmold versammelte Christen aus der Gruppe der Hutu, erkennen an, dass unsere Angehörigen die Tutsi auf vielfältige Weise seit 1959 unterdrückt haben. Wir bekennen das Verbrechen des Völkermordes, das von der Gruppe der Hutu an der Gruppe der Tutsi zu verschiedenen Zeiten der Geschichte Ruandas und vor allem im Jahre 1994 begangen wurde. Demütig bitten wir Gott und unsere Tutsi-Brüder und -Schwestern um Vergebung für all das Böse, das wir ihnen zugefügt haben. Wir in Detmold versammelten Christen aus der Gruppe der Tutsi sind glücklich und fühlen uns erleichtert durch die Bitte unserer Hutu-Geschwister um Vergebung. Wir bitten unsererseits Gott und die Hutu um Vergebung für die blinde Unterdrückung und Rache, die jenseits jeder legitimen Verteidigung von unseren Angehörigen gegenüber der Hutu-Bevölkerung geübt wurde.“

Angesichts der damaligen Aktualität und Präsenz des Völkermordes im Leben vieler ruandischer Familien können wir im Rückblick diese Worte gar nicht hoch genug einschätzen. Sie werden beide vertretenen Gruppen sehr viel gekostet haben.

Heute geschieht neben der staatlichen Versöhnungsarbeit, die sich vor allem in strukturellen Weichenstellungen zeigt, die neue Form des Zusammenlebens vielfach mit und durch Kirchen und christliche Organisationen. Enttäuscht haben sich nach dem Genozid viele Menschen von den offiziellen Kirchen abgewendet. Aber nicht von Gott. So haben sich viele neue christliche Kirchen und Gemeinden gebildet. Auch die anglikanische Kirche hat an Zulauf gewonnen.

Insgesamt zählen sich in Ruanda immer noch 80 Prozent zu einer christlichen Kirche oder Gemeinschaft. Es gibt immer noch sehr viele lokale Versöhnungsprojekte, die dazu beitragen, dass der über viele Jahre wiedergefundene Frieden erhalten bleibt.

14

Wenn Mitgefühl ins Leben kommt

„Sag mal, was ist eigentlich mit dem Kleinen los?“ – „Ist dir auch aufgefallen, dass er etwas hyperaktiv ist?“ – „Du meinst, noch mehr als sonst?“

Sie sitzen um das auflodernde Feuer, um Tee zu kochen. Es ist morgens um 6.00 Uhr an diesem Samstag im Frühjahr 1998 in dem Haus am Ende der langen Dorfstraße in Magu Village. Die Vögel zwitschern sich ins bevorstehende Wochenende, das diesmal etwas anders ablaufen wird als bisher.

Pascal, Diegène und Triphine machen sich im Vorgarten zu schaffen. Während sie sich über ihren jüngeren Bruder unterhalten, kümmern sie sich ums Frühstück. Wie üblich wird es eine Tasse Tee für jeden geben und heute stehen ein paar Süßkartoffeln und für jeden eine kleine Kochbanane auf dem Speiseplan. Wie immer ist es nicht sehr viel, denn die knappen Ressourcen müssen gut eingeteilt werden. Mama Vital tritt aus dem Haus und sagt: „Lasst heute bitte etwas übrig, denn ich will für Vital Essen mitnehmen.“

Vital ist bereits seit einiger Zeit unterwegs, um Wasser zu holen und sich auf dem Rückweg kurz noch um die Kühe zu kümmern. Danach hat Alphonsine mit ihrem Jungen etwas vor, das sein ganzes Leben grundlegend verändern wird. Wie stark, das ist ihr an diesem Morgen selbst noch gar nicht bewusst.

Schließlich machen sich die beiden auf den langen Weg zur „Eglise Presbyterienne au Rwanda“, der anglikanischen Kirche in Ruyumba. Vital ist gerade mal acht Jahre alt, kennt aber lange Wege schon zur Genüge. Zum Beispiel jeden Montag die lange, staubige Straße zum

Markttag ins benachbarte Dorf. Oder die tägliche Strecke zum Wasserholen und zurück. Und so ist der zweistündige Weg ins Tal und über zwei Hügel keine wirkliche Herausforderung. Vital wird ihn in den nächsten Jahren jeden Samstag gehen.

Murangwa, Vitals Taufpate, der nicht weit weg von Magu in einem Haus am Wegesrand lebt, hat Alphonsine auf die Möglichkeit aufmerksam gemacht, dass Vital vielleicht in der Kirchengemeinde in Ruyumba Unterstützung bekommen könnte. Sie hätten dort ein Kinderzentrum mit einem speziellen Förderprogramm für Kinder und Jugendliche aus ärmsten Verhältnissen. Jeden Samstag könnten die Kinder dort verbringen, hatte Murangwa berichtet. Die Kirche würde mit einer weltweiten Kinderentwicklungsorganisation mit Namen „Compassion International" zusammenarbeiten. Durch Patenschaften wäre für die Kinder und Jugendlichen langfristig gesorgt und auch die Familien hätten etwas davon. Die Arbeit kannte Alphonsine bereits, weil sie Kontakt zu der Kirche in Ruyumba hatte. Aber jetzt war ihr bewusst geworden, dass auch ihnen hier geholfen werden konnte.

Die Gespräche unterwegs mit seiner Mutter wecken in Vital eine unbeschreibliche Hoffnung, die er in einem Satz zusammenfassen kann: „Für mich war klar: Sie werden uns helfen!"

Auch Mama Vital ist überzeugt, dass dieser Weg ein Schritt mehr aus der Armut sein würde: „Ich hatte als Witwe kein Geld und Compassion half uns. Ich hatte schon von ihnen gehört, denn ich hatte immer mal wieder Kontakt zur Kirchengemeinde in Ruyumba. Als mein Mann im Genozid umgekommen war, brauchten wir wirklich Hilfe. Wir waren verarmt. Ich war alleinerziehende Mutter von neun Kindern. So erfüllten wir alle Kriterien, um die Unterstützung zu bekommen."

Aus seinem Dorf war Vital das einzige Kind, das zum Compassion-Kinderzentrum gehen durfte. Insgesamt nahmen fünf Kinder aus der Region an der wöchentlichen Förderung teil. Compassion heißt „Mitgefühl" – und dieser Name ist Programm. So erlebt es Vital zumindest in den Folgejahren. Jahre, die die weitere Entwicklung in seinem Leben wesentlich beeinflussen werden.

Dieses Projekt wollen wir uns bei der Reise in Vitals Vergangenheit näher anschauen. Wir fahren von Kigali aus einmal mehr in Richtung Magu Village. Doch bevor wir links hoch in Richtung Markt und weiter über feldwegartige Schlagloch-Bergstraßen fahren, führt uns der Weg diesmal rechts auf eine einigermaßen gut ausgebaute Straße, auf der wir nach einer weiteren halben Stunde plötzlich links zu einer Kirche abbiegen. Hier also befindet sich das Compassion-Kinderzentrum, das Vital jahrelang besucht hat.

Jedes Projekt hat einen „Goldschatz" und unserer heißt: Fidelante. Eine junge Frau, die Vital überschwänglich begrüßt und herzlich umarmt. Sie arbeitet als Sozialarbeiterin und war früher selbst einmal ein Patenkind. Einige Jahre früher als Vital hat sie das Programm beendet und wurde nach einer weiteren Ausbildung dann von der Kirchengemeinde für das Kinderzentrum angestellt. Fidelante ist eine körperlich gar nicht mal so große Person, aber ihre Ausstrahlung ist gigantisch. Sie führt uns einen schmalen Weg etwas weiter den Hügel nach unten, wo durch eine Baumgruppe geschützt ungefähr 200 Kinder und Jugendliche im Alter von 4 bis 18 Jahre in einem großen Chor singen.

Es ist Samstag, neun Uhr morgens und nach dem gemeinsamen Start geht es in verschiedene Klassenräume, wo die einen Ergänzungsunterricht zum staatlichen Schulunterricht haben, die anderen biblische Geschichten hören und wieder andere handwerkliche Workshops besuchen. „Das war zu meiner Zeit genauso", erinnert sich Vital. „Es gab am Anfang meistens einen Gottesdienst für alle, dann verschiedene Programme für unterschiedliche Altersgruppen und dann für alle etwas zu essen. Es war für uns ein geschützter Raum, in dem uns nichts passieren konnte. Ein Raum, wo wir vor allem eins sein konnten: Kinder. Wir haben viel miteinander gespielt. Es gab viele Möglichkeiten, zu lernen oder Dinge auszuprobieren. Es war eine wirklich schöne Zeit."

Und die fing zunächst damit an, dass nach dem Aufnahmegespräch im Büro der Leiterin und einer anschließenden medizinischen Untersuchung der kleine Vital an eine Wand gestellt wurde. Das erste Foto seines Lebens macht Fidelante. Das wurde danach zu Compassion International geschickt, sodass in einem der damals acht Unterstützer-Länder (wie USA, Australien, Kanada, England, Niederlande und seit 2008 auch Deutschland) ein Pate für Vital gefunden werden konnte. Die Aufgabe der Patinnen und Paten ist übrigens nicht nur, einen monatlichen festen finanziellen Beitrag zu leisten, sondern vor allem für das Patenkind zu beten und es mit ermutigenden Briefen durch die wichtigsten Entwicklungsjahre seines Lebens zu begleiten. „Ich erinnere mich noch gut daran, als ich ein Foto meines ersten Paten überreicht bekam. Und den ersten Brief in Händen zu halten, war auch ein unglaubliches Gefühl. Da gab es einen in einer für mich ganz fernen, unerreichbaren Welt, dem ich so wichtig war, dass er mir einen Brief geschrieben hatte“, erzählt Vital aus dieser Zeit. Für etwas anderes begeistert er sich auch: „Es gab jeden Samstag zum Mittagessen ein Ei. Du glaubst gar nicht, wie wichtig das für mich war. Es war nicht nur ein Ei. Nein, es war viel, viel mehr für mich. Unser Leben war jeden Tag anders, weil es immer neue Herausforderungen gab. Aber das Ei bei Compassion, darauf konnte ich mich verlassen!“

Die Erinnerungen an den Rest scheinen etwas auseinanderzugehen. Vital erzählt von Freunden, mit denen er zusammen war, von gemeinsamen Fußballspielen, von den langen Wegen zwischen Magu und Ruyumba, die er immer mit einem Freund von unterwegs zurückgelegt hat.

Er erinnert sich auch noch gut an den ersten Tag im Kinderzentrum und das mitgebrachte Essen, für das seine Mutter etwas erstaunt angeschaut wurde. Vital erzählt, dass es ihm immer Spaß gemacht hat, mit den anderen Kindern zusammen zu sein.

Ich checke das mit Fidelante, die mich etwas erstaunt anblickt. „Okay, das klären wir dann mal besser unter vier Augen“, und schon sitzen wir von einem Übersetzer begleitet in einem der leeren Klassenräume. „Wie war er denn nun, der kleine Bengel, Fidelante?“

Es braucht ein wenig Zeit, bis die afrikanische Zurückhaltung schwindet: „Also grundsätzlich mochte Vital es sehr, am Programm teilzunehmen. Aber dass er immer und intensiv mit den anderen Kindern zusammen gewesen sei, nun ja. Vital war eigentlich sehr ruhig und zurückhaltend. Er war immer mit irgendwelchen Dingen beschäftigt, immer ‚busy‘. Da blieb im Kopf nicht so viel Platz für andere Kinder. Er dachte viel nach und wollte eher selten mit den anderen spielen oder später Dinge mit anderen gemeinsam machen. Er mochte keine Langeweile und beschäftigte sich immer mit neuen Dingen.“

Aha, denke ich. Es gibt also auch hier zwei Seiten der Betrachtung.

Zeit, die beiden Protagonisten zusammenzubringen. Wir sitzen wenig später im Büro von Compassion, um die „Akte Vital“ durchzublättern. Jedes Kind im Compassion-Programm hat eine Akte, in der alles gesammelt wird: Zeugnisse, Gesundheits-Reports, die Briefe der Patinnen und Paten.

Spielen wir mal „Mäuschen“ und lassen das Aufnahmegerät einfach mal laufen, während Fidelante und Vital diese Akte durchblättern:

Fidelante: „Als du noch jung warst, warst du ein sehr nettes Kind, aber du bist immer zu spät gekommen. Erinnerst du dich, wie du durch das Sumpfland gekommen bist?“

Vital: „Ja, ich erinnere mich. Wir sind vormittags zum Kinderzentrum gekommen und auch nachmittags. Manchmal sind wir auch in der Mitte der Woche gekommen. Und dann sind wir durch das Sumpfland gekommen. Hitmana half mir immer, über den Fluss zu kommen. Das Sumpfland heißt übrigens Kanyonyomba.“

„Ja, ich kenne Hitmana, er war ein kräftiger Kerl. Er hat heute Familie und lebt hier ein normales Leben.“

„Einmal wurde ich krank, dann halfen ein paar Leute, die beim Compassion-Zentrum lebten, und Hitmana brachte mich von dort nach Hause.“

„Er brachte dich nach Hause? Oh, das ist gut. Aber woher kannte er das?"

„Hitmana kannte es, weil wir vom Kinderzentrum zusammen heimgingen. Er lebte im Nachbardorf, deswegen gingen wir immer gemeinsam vom Kinderzentrum heim."

„Ja, ich erinnere mich an dein Leben damals: Du warst einfach ein normales Kind, das nicht viel sprach. Du hattest keine gleichaltrigen Freunde, mit denen du gingst. Warum warst du so?"

„Weil wir aus diesem entlegenen Dorf kamen. Die anderen Kinder sahen uns als Hinterwäldler an und sich selbst als die coolen Kinder. Wir waren für sie keine coolen Kinder. Es gab andere Kinder, die cool waren, wie Manasse und andere Kinder. Die waren cool."

Fidelante berichtet, dass Vital immer dann zur Stelle war, wenn es etwas Neues zu lernen gab. Und ehrgeizig sei er auch gewesen. Zur damaligen Zeit sei er das erste Kind gewesen, das seinem Paten auf Englisch geschrieben hat. Mit Büchern selbst beigebracht. Da ist ja klar, dass nicht so viel Zeit blieb, mit anderen Fußball zu spielen.

„Vital hatte wirklich eine Leidenschaft, das Leben zu entdecken und möglichst viel zu lernen. Er wollte immer besser werden. Eigentlich hat er schon als Kind studiert ...", sagt die Sozialarbeiterin und lächelt dabei so sympathisch und liebevoll, wie nur Ruander lächeln können.

15

Die Welt gehört in Kinderhände

Herbert Grönemeyer hat auf einer seiner ersten Produktionen ein bemerkenswertes Lied gesungen: „Kinder an die Macht". Im Refrain heißt es: „Gebt den Kindern das Kommando // Sie berechnen nicht, was sie tun // Die Welt gehört in Kinderhände // Dem Trübsinn ein Ende // Wir werden in Grund und Boden gelacht // Kinder an die Macht."

Viele glauben, die Zukunft gehöre den Kindern. Doch das stimmt nicht einmal halb, denn Kindern gehört die Gegenwart! Aber es hat eine unglaubliche Auswirkung auf ihre Zukunft, wie sie in der Gegenwart behandelt werden.

Und Gott sieht das genauso, denn in der Bibel wird an vielen Stellen deutlich gemacht, wie Gottes Welt tickt. Gottes Welt steht auf dem Kopf: Nicht die Superstars, Meinungsführer, die lautstarken „Influencer" oder die mit dem größten Durchsetzungsvermögen spielen bei ihm eine große Rolle, sondern die Rangordnung in Gottes Welt ist anders.

Fast könnte man sagen: Es ist das genaue Gegenteil von dem, was wir so jeden Tag erleben! „Gottes Welt steht auf dem Kopf":

- die Ersten werden die Letzten sein
- was schwach ist, wird stark, die Starken wirken wie Schwächlinge
- die Armen werden reich, und die Reichen werden arm
- das Kleine ist groß und das Große ist klein.

Die Bibel macht klar, wie Gott über Kinder denkt:

Er liebt sie, kümmert sich um sie, glaubt an sie, respektiert sie – und er sieht sie als strategisch wichtige Personen für sein Reich an.

Immer wenn in der Bibel von Kindern die Rede ist, sehen wir ein unsichtbares und doch hell aufleuchtendes Ausrufezeichen aufblitzen: „ACHTUNG: Es geht jetzt um etwas sehr Wichtiges. Bitte aufpassen!"

Das ist ein Grund, warum sich das christliche Kinderhilfswerk „Compassion" um Kinder und Jugendliche kümmert. Und das weltweit schon seit 1952. Kinder sind charmant, ideenreich, aufgeschlossen, fröhlich, lustig, kreativ, fürsorglich, aufgeweckt, phantasievoll, flexibel, empfindsam, an Neuem interessiert, gutmütig, großherzig und vieles mehr.

Kinder können blind vertrauen, sie sind sich ihrer Abhängigkeit, Begrenztheit, Hilfsbedürftigkeit bewusst – und es stört sie nicht. Kinder lassen sich auch gerne beschenken – und können sich selbst über Kleinigkeiten freuen.

Auf der anderen Seite sind Kinder aber auch das Verletzlichste, was es gibt auf der Welt. Sie leiden doppelt an Armut, Ungerechtigkeit – und sie haben keine Stimme, die wirklich zählt. Sie haben nicht die Macht des Geldes, des Militärs oder den politischen Einfluss, um ihre Lebenssituation selbst nachhaltig zu verändern. Sie sind der „Welt der Erwachsenen" hilflos ausgeliefert.

Nach Schätzungen der UN aus dem Jahr 2021 leben rund 2,4 Milliarden Kinder und Jugendliche (0-17 Jahre) auf der Welt. Mit rund 912 Millionen Kindern stellt die Gruppe der 11- bis 17-Jährigen dabei den größten Anteil. In Ruanda wird die Bevölkerung derzeit auf ca. 13 Millionen Menschen geschätzt. Davon sind 40 Prozent jünger als 14 Jahre. Das Gesamtdurchschnittsalter der Ruander beträgt 24,4 Jahre. Kinder machen mehr als 80% der Landbevölkerung aus.

Kinder wie Vital gibt es auch heute viele in Ruanda. Natürlich haben sie nicht den Genozid durchleben müssen, aber sie haben andere Kämpfe zu bestehen. Vor allem den Kampf gegen die Armut. Compassion startete sein Programm in Ruanda im Jahr 1980. Zunächst wurde nur mit wenigen Kirchen zusammengearbeitet und es gab auch noch kein Patenschaftsprogramm. Das begann 1988, unter anderem in der Kirchengemeinde in Ruyumba. Zur Zeit des Genozids gab es 49 Kinderzentren, in denen 11.000 Kinder und Jugendliche an Programmen teilnahmen. Heute kooperiert Compassion mit über 400 lokalen Gemeinden aus 22 unterschiedlichen Denominationen in Ruanda. Mehr als 100.000 Kinder und Jugendliche profitieren davon.

Dabei geht es nicht nur darum, dass die Rechte von Kindern beachtet werden: Ihr Recht auf Gesundheit, auf Bildung, auf Identität, auf Nahrung und Wasser oder auch ihr Recht auf Schutz. Compassion legt Wert darauf, dass Kinder und Jugendliche von dem hören, der ihr Leben nachhaltig verändern kann: Jesus Christus.

Und das ohne Zwang oder Indoktrination, sondern als „Angebot mit Ewigkeitsbedeutung“. Der Dreh- und Angelpunkt dabei ist die lokale christliche Gemeinde. Durch die Eins-zu-eins-Patenschaften, bei denen ein Kind mit einer Patin oder einem Paten verbunden wird, erhält das Kind ermutigende Briefe oder sogar Besuche. Vital hatte während seiner Teilnahme im Programm mehrere Paten. Einer davon war Tanner Green, von dem im nächsten Kapitel die Rede sein wird.

Für Vital waren die Briefe ein wichtiger Baustein in seiner Entwicklung: „Ich erinnere mich noch an meinen ersten Brief. Oft haben die Mitarbeiter des Kinderzentrums die Briefe samstags verteilt. Als mein Name aufgerufen wurde, bin ich vor Freude fast ausgeflippt. Ein Brief! Von meinem Paten! Ich konnte den gar nicht alleine lesen, deshalb war das Foto des Paten sehr wertvoll für mich.“

Aber es gibt nicht nur Briefe für die Patenkinder, sondern die ganze Familie hat etwas von einer Patenschaft: „Meine Mama musste sich keine Gedanken mehr über mein Schulgeld machen. Compassion hat es bezahlt. Unsere ganze Familie wurde emotional aufgefangen und gestützt. Wir hatten auf einmal eine Anlaufstelle, von der wir wussten, dass wir Hilfe erhalten würden. Oft durfte ich Essen mit nach Hause nehmen, sodass alle etwas davon hatten. Die Grundbedürfnisse während meiner Grundschulzeit waren abgedeckt.“

Die Familie wurde mit einbezogen, und so war Mama Vital oft mit im Projekt. Fidelante erinnert sich noch lebhaft an sie: „Sie war äußerst interessiert am Ergehen ihres Jungen. Aber sie half auch viel mit. Alphonsine ist eine Frau mit einer großen Integrität und hat sich stark für unser Kinderzentrum engagiert. Sie stellte auch viele Fragen und hatte guten Kontakt zu den anderen Müttern der Patenkinder."

„Gab es nach dem Genozid mit den Kindern und Jugendlichen eine spezielle Aufarbeitung?", frage ich Fidelante. Zunächst verblüfft mich ihre Antwort sehr: „Nein. Wir haben versucht, dass das Leben so schnell wie möglich wieder in einigermaßen normalen Bahnen laufen konnte. Die strukturelle oder kulturelle Aufarbeitung war aus unserer Sicht Aufgabe des Staates. Wir haben uns um das Wohl der Kinder gekümmert. Wir haben ihnen zu essen gegeben, ihnen eine Umgebung geschaffen, wo sie das Erlebte auch einfach mal vergessen konnten – und vor allem haben wir ihnen Schutz geboten."

Ich muss ein wenig darüber nachdenken, um zu verstehen, dass das sehr wahrscheinlich die beste Art war, damit umzugehen. Das Unaussprechliche mit Kindern stundenlang zu beackern, hätte auch das Gegenteil bewirken können. Die Wunden wären nicht verheilt, sondern tiefer aufgerissen. Und bei einigen hätte man vielleicht sogar noch Eimerweise Salz reingestreut. Einen Schutzraum bieten, nicht mehr, aber eben auch nicht weniger!

Auch heute ist genau das wichtig. „Die Kinder, die wir bei Compassion haben", erzählt Fidelante, „sind die Ärmsten der Armen. Sie kommen von ganz unten aus den untersten Schichten der Gesellschaft. Sie bringen große Probleme mit, die meistens aus der sehr großen Armut entstanden sind. Diese Familien haben oft viele Kinder und was wir den Patenkindern mitgeben, wird zu Hause mit allen geteilt. Das gilt auch für Schuluniformen, die in der Familie weitergereicht werden. Hygiene-Artikel oder auch Nahrungsmittel – alles wird zu Hause geteilt. Wir geben Schulbücher aus, aber manche haben nicht mal eine Lampe zu Hause, um abends Hausaufgaben zu machen. Wir brauchen noch viel mehr Unterstützung, um möglichst vielen helfen zu können."

Für Vital bedeutete die Patenschaft tatsächlich der erste Schritt auf einem Weg, der ihn zielgerichtet aus der Armut herausführte: „Ich habe Schuhe bekommen, Notizbücher für den Unterricht, die erste Matratze für mich, die ich in der Highschool brauchte, kam von Compassion. Für meine Gesundheit wurde gesorgt und ich fühlte mich zu jedem Zeitpunkt im Kinderzentrum sicher."

Im Rückblick auf die Zeit als Patenkind berichtet Vital aber noch etwas anderes, das ihm sehr wichtig geworden ist: „Mein gesamtes Leben wurde geprägt und meine Situation grundlegend verändert. Mein späteres Studium war nur möglich, weil ich das Compassion-Programm durchlaufen habe. Durch die Liebe der Compassion-Mitarbeiter und die Liebe, die mir von meinen Paten entgegengebracht wurde, wurde mein Leben stark verändert. Ich habe viel über Gott gelernt. Ich bin sehr dankbar für diese Zeit jeden Samstag im Kinderzentrum."

16

Eine Entscheidung in einer anderen Welt

Oft sind es die unscheinbaren Momente, die in unserem Leben eine große Wirkung entfalten. Diese Momente, die der schottische Theologe Henry Drummond einmal als „herausstechende Augenblicke" beschrieben hat: „Momente, in denen wir aus dem Geist der Liebe gehandelt haben."

Ein solches „One moment in time"-Erlebnis hatte ein junger Mann, ohne dass er es bemerkte. Sein Name ist Tanner, Tanner Green. Aufgewachsen ist er irgendwo im Mittleren Westen der USA in einer Familie, die regelmäßig eine Kirche besuchte. Sein Vater hatte es vom Lehrer zum Schulleiter und schließlich zum Dekan der Schule geschafft, seine Mutter war Sonderschullehrerin.

„Meine Eltern kommen eigentlich aus armen Verhältnissen. Oft hatten sie zu kämpfen, um finanziell über die Runden zu kommen. Ich kann mich erinnern, dass meine Eltern über viele Jahre hinweg immer Schulden hatten", erzählt Tanner bei unserer ersten Begegnung. Er war der Älteste von drei Jungen.

„Das Familien-Budget war immer im Minus, denn meine Eltern gaben mehr Geld aus, als wir hatten. Aber eines Tages hörte mein Vater eine Predigt darüber, welcher Segen darauf liegt, wenn wir den zehnten Teil unseres Einkommens spenden. Da hat es ‚klick' gemacht."

Die Familie begann zu spenden. „Meine Eltern entwickelten sich zu den großzügigsten Menschen, die ich kenne. Sie geben nicht nur den Zehnten aller Einnahmen, sondern erhöhten seit vielen Jahren diesen Prozentsatz jedes Jahr ein bisschen mehr. Sie fuhren zum Beispiel in den letzten 25 Jahren zwölf verschiedene Autos. Immer wenn sie ein neues kauften, haben sie das alte verschenkt."

Offensichtlich ein Vorbild für die Kinder, denn heute sagt Tanner: „Meine Familie hat definitiv meine Entscheidung, mich für andere Menschen zu engagieren, positiv beeinflusst. Wenn ich meinen Vater sehe, dann muss ich einfach großzügig handeln."

Und noch eine weitere Person wurde zum Vorbild für ihn, eine inzwischen über 60-jährige Frau, die Tanner und seine Kumpels im Kindergottesdienst unterrichtete. „Die hat sich echt getraut, uns wilden Teenagern Geschichten von Jesus zu erzählen. Und sie hat jeden Tag für uns gebetet."

Aber nicht nur daran erinnert sich Tanner heute noch gerne, sondern auch an die vielen Einladungen in ihr Haus, „wo sie für uns große Mengen Essen kochte. Sie war damals selbst noch sehr jung. Eine großartige Frau, die uns Gottes Liebe näherbrachte. Wie meine Eltern hatte auch sie – neben ein paar anderen wichtigen Menschen in meinem Leben – einen großen Einfluss darauf, dass ich einen Blick für die Situation anderer Menschen bekommen habe, denen es nicht so gut ging wie uns."

Es war ein ganz normales Wochenende im Jahr 2002. Tanner wollte mal wieder etwas erleben und so ging er mit einigen Freunden zu einem Konzert einer christlichen Band. An die Musik kann er sich nicht mehr erinnern, an die Situation in der Lobby nach dem Konzert umso mehr. Denn da stand er plötzlich an dem Infotisch dieses Hilfswerkes und spürte, dass die Zeit für ihn gekommen war, Mitgefühl zu zeigen.

Sein Blick fiel auf einen Umschlag mit dem Foto eines Jungen aus Afrika. Warum Ruanda? Warum Vital? „Ich weiß es nicht mehr", sagt Tanner. „Ich wusste damals gar nichts über Ruanda, hatte auch nichts vom Genozid gehört. Auch habe ich mich vorher nicht eingehend mit dem Thema ‚Armut am anderen Ende der Welt' beschäftigt. Ich stehe da an diesem Tisch mit den vielen Fotos von Kindern, die auf einen Paten warten. Und plötzlich habe ich Vital Nsengiyumva aus einem kleinen Dorf in Ruanda in der Hand. Ich glaube, dass mich vor allem angesprochen hat, dass er im gleichen Alter war wie mein kleinster Bruder."

Der 19-jährige Tanner überlegte, wie sich sein Bruder wohl fühlen würde, wenn er wie Vital aufwachsen müsste. Außerdem hörte er, dass es viel leichter sei, für jüngere Kinder Paten zu finden. Vital war zwölf, wie Tanners Bruder. Die Entscheidung war getroffen. Eine Entscheidung mit gravierenden Folgen.

In seinem Bekanntenkreis war Tanner damals der Einzige, der eine Patenschaft hatte. Für Vital war er der dritte Pate. Die ersten beiden hatten aus unterschiedlichen Gründen die Patenschaft nicht weitergeführt und so lag sein Foto und seine Biografie nun wieder auf einem Tisch bei einem Event im fernen Amerika.

Ein Glück für Vital, denn nun würde Tanner sein Mitgefühl zeigen. Gut gedacht, aber nicht ganz so leicht gelebt: „Ich muss gestehen, dass ich nicht der beste Briefeschreiber gewesen bin. Aber trotzdem gehörte die Patenschaft für Vital immer zu meinem Leben. Ein paar Briefe habe ich hingekriegt und als ich später geheiratet habe, schickte ich ein Foto von uns zu Vital. Ich glaube, auch von unserem ersten Kind haben wir ein Foto geschickt. Heute denke ich manchmal, dass ich vielleicht viel mehr hätte schreiben sollen, die Patenschaft von meiner Seite aus viel mehr hätte leben sollen."

Der eher ruhige Tanner wirkt auf einmal sehr nachdenklich, um wenig später seiner Begeisterung freien Lauf zu lassen: „Und dann kam eines Tages dieses dicke Paket von Compassion. Vital hatte es in das Leiterschafts-Mentoring-Programm geschafft. Sie schrieben, dass das nicht einfach sei und dass Vital alle Prüfungen sehr gut bewältigt hätte. Es hätte viele Bewerbungen dafür gegeben, aber Vital habe sich am Ende durchgesetzt. Das war für mich der größte Moment in meiner Reise mit ihm. Sie sagten mir, dass es nur wenige in dieses Förderprogramm aus Studium, Mentoring und Leiterschafts-

Training schaffen würden. Vital war dabei – und ich war sein Pate. Wow!"

Die Nebenwirkung dieses Infopakets war, dass sich der monatliche Unterstützungsbetrag um ein Vielfaches erhöhte. Aber Tanner und seine Familie entschieden sich, großzügig zu sein. Tanner war zu der Zeit in der Gemeindegründung neuer Kirchen tätig. Heute arbeitet er als Berater für Gemeindegründer. Die Metallbox mit den Unterlagen des Leiterschafts-Mentoring-Programms von Vital hob er viele Jahre auf. „Das war eine echt harte Prüfung für Vital und wir waren richtig stolz, dass er es gepackt hatte. Wir hatten damals nicht viel Geld und ich konnte auch nicht die gesamte Summe übernehmen, die für die Förderung in diesem Spezialprogramm nötig war. Aber wir haben versucht, alles zu geben, was für uns möglich war."

Bis zum „großen Tag", an dem die Nachricht kam, dass Vital alle Abschlussprüfungen an der Universität in Kigali bestanden hatte. „Welch eine großartige Reise", bricht es aus Tanner heraus. „Ich betrachte es wirklich als Gnade Gottes und als ein Geschenk für mich selbst, ein Teil dieser Geschichte gewesen zu sein."

Bis heute sind sich Tanner und Vital noch nie persönlich begegnet. Sie haben regelmäßigen Kontakt per Zoom zueinander, aber aufgrund der Corona-Pandemie war ein persönliches Treffen noch nicht möglich. „Auf diesen Tag warten wir noch. Ich würde auch gerne mal mit Vital in Ruanda in sein Dorf reisen, den Weg mit ihm gehen, den er immer zum Kinderzentrum gegangen ist, mit ihm auf dem Stuhl im Hörsaal der Uni in Kigali sitzen und all die Geschichten seiner Kindheit hören. Als Pastor und Gemeindegründer liebe ich gute Geschichten", meint Tanner und ich sehe ein verschmitztes Lächeln über seine Wangen ziehen.

„Weißt du, Steve, eigentlich war es eine kleine Entscheidung für mich, damals diese Patenschaft für Vital zu übernehmen. Gott hat etwas Großartiges daraus gemacht. Das hat auch mir gezeigt, wie Gott ist, und meinen eigenen Glauben verändert und bereichert."

Er ist 39, als wir miteinander sprechen. Stolz berichtet er, dass er vor Kurzem eine Gratulationskarte erhalten habe: 20 Jahre Pate! 14 davon hat er Vital begleitet und unterstützt.

Heute wird die Geschichte weitergeschrieben, denn nach Vital haben die Greens nicht aufgehört, Kinder aus Armut zu befreien. Wie die eigenen Eltern für Tanner ein Vorbild wurden, so sind auch er und seine Frau Vorbilder für die eigenen drei Kinder im Alter von 11, 9 und 6 Jahren. Sie erleben hautnah mit, was es heißt, Verantwortung für ein Patenkind zu haben und es mit Gebeten und regelmäßigen finanziellen Mitteln zu unterstützen. Ihr aktuelles Patenkind kommt aus Indonesien.

17

Lustig ist das Studentenleben – von wegen

Vital war 19 Jahre alt. Er hatte in seinem bisherigen Leben viele Herausforderungen bewältigt und manche Kämpfe siegreich bestanden, aber das hier war der absolute Hammer. Monatelang hatte er sich vorbereitet, viele Bewerbungsgespräche und Eignungstests hinter sich gebracht. Und die waren alles andere als ein Zuckerschlecken. Allein bis er die Entscheidung getroffen hatte, sich hier zu bewerben, hat es ihn viel gekostet. Und dann noch die Killerfrage, warum er sich überhaupt für dieses Programm bewarb. Er war ganz schön ins Trudeln gekommen.

Aber er saß jetzt hier in diesem Klassenraum und war nervös. Wie hatte es nur so weit kommen können, dass der kleine vierjährige Junge aus einem kleinen Dorf in den ruandischen Hügeln, das keinen guten Ruf hatte, nun auf einmal in dieses Verfahren gekommen war?

Compassion hatte einige Jahre vorher begonnen, in den 26 Projektländern die Besten aus den Patenschaften herauszufischen und sie mit einem sogenannten „Leadership Development Program" (Leiterschafts-Förder-Programm) zu unterstützen. Wer es in dieses Programm schaffte, wurde zusätzlich besonders ausgebildet und gefördert. Dazu gehörte nicht nur ein Universitätsstudium, sondern parallel dazu in Verbindung mit Kirchengemeinden und christlichen Leitern eine besondere Ausbildung, um andere Christen in Gruppen zu leiten. Oder sogar in Kirchen Führungsaufgaben zu übernehmen.

Die Kriterien waren enorm hoch, denn hier sollten nur junge Erwachsene in den Genuss des Stipendiums kommen, die es wirklich ernst meinten. Die Plätze waren rar und Ruanda hatte eine Quote von 25 Plätzen zugeteilt bekommen. Das war nicht viel angesichts der über eintausend Bewerbungen. Heute war der letzte Test – und Vital hatte es in die Runde der letzten Kandidaten geschafft.

Ein langer Weg, der in der Grundschule begonnen hatte, sehr steinig war und fast unterwegs gestoppt worden war, als Vital im hohen Bogen von der Highschool flog. Fangen wir also mal von vorne an:

Um zu verstehen, welchen Weg der junge Vital in seiner schulischen Laufbahn zu gehen hatte, tauchen wir kurz in das ruandische Bildungssystem ab. Eine Schullaufbahn sah folgendermaßen aus: Sechs Jahre Grundschule, danach drei Jahre weiterführende Schule und drei weitere Jahre auf einer ergänzenden weiterführenden Schule (beides Highschool, vergleichbar mit unserem Gymnasium). Dann – wenn es jemand schaffte – vier Jahre Universitätsstudium bis zum Bachelor.

Eine extrem wichtige Rolle spielten bei dieser Laufbahn die Tests am Ende der verschiedenen Abschnitte. Diese Tests entschieden über Weiterführung oder Ende der Laufbahn auf einer der staatlichen Schulen. Wenn zum Beispiel der Test am Ende der dreijährigen Junior-Highschool nicht bestanden wurde, gab es zwei Möglichkeiten: entweder die drei Jahre noch einmal zu wiederholen oder auf eine Privatschule zu wechseln. Letztere war teuer und daher nicht für jeden möglich. Die Prüfung nach drei Jahren Junior-Highschool fand übrigens in neun Fächern statt. Genügend Gelegenheiten durchzufallen!

Eine Highschool zu besuchen bedeutete übrigens, in einem Internat zu wohnen. Und das war alles andere als ein Harry-Potter-Erlebnis! Heute ist die Grundschule für jeden kostenlos. Zu Vitals Schulzeit mussten Gebühren bezahlt werden. Schulgebühren fallen heute erst ab dem Gymnasium an. Bei Vital hatte Compassion diese Kosten übernommen und dafür gesorgt, dass er auch Schulbücher und alle nötigen Unterlagen bezahlen konnte. Im Gymnasium werden Schwerpunktfächer gewählt. Vital wählte Biologie, Chemie, Physik und Mathematik.

Eine kleine Anekdote am Rande: Am Ende der sechsjährigen Grundschule wurden landesweite Abschlussarbeiten geschrieben. Die Ergebnisse wurden öffentlich ausgehängt. So wusste dann jeder im Dorf, wer von ihnen die Schule geschafft hatte und wer nicht. Selbst in Magu Village hingen am Ende jedes Schuljahres die Listen mit den Gewinnern und Versagern aus. Mit den Gewinnern feierte das ganze Dorf. Insofern gab es bei diesen Prüfungen noch einmal einen ganz besonderen Druck auf die Schülerinnen und Schüler.

„Von den vierzig bei den Abschlussprüfungen haben nur zwei bestanden. Ich war dabei! Je nachdem, wie gut dein Abschluss von der Grundschule war, werden dir die Junior-Highschool und dann auch die Senior-Highschool zugewiesen. Für mich wurde das Karami College ausgewählt. Eine richtig üble Schule“, erzählt Vital.

Es gab kein fließendes Wasser, wenig zu Essen, die Schlafsäle waren nicht auf dem Internatsgelände, sondern irgendwo in der Pampa, korrupte Leiter. Alles andere als eine coole Schule. Während der gesamten Highschool-Zeit bestand Anwesenheitspflicht. Kein Besuch zu Hause war gestattet, nicht einmal während der unterrichtsfreien Zeit. „Zu essen gab es auch nur sehr wenig. Am besten waren noch die dran, die genug Geld hatten, um sich selbst irgendwie zu versorgen. Die Schulleitung stellte es so dar, dass wir in diesem Internat lernen konnten, nicht immer alles zu bekommen, was wir uns wünschten. Seltsames Erziehungskonzept. Ich habe an vielen Tagen wirklich gehungert. Ich hatte kein zusätzliches Geld, also trainierte ich meinen Körper, mit wenig zufrieden zu sein.“

Das fehlende Essen war später auch der Grund, warum Vital von der Schule flog. Eines Abends saß er im Klassenraum und lernt und verpasste dabei die Glocke, die zum Abendessen in den Esssaal rief. Weil er später kein Essen mehr bekommen konnte, verließ er gemeinsam mit ein paar Freunden abends das Internat, um zumindest im Restaurant noch ein Glas Buttermilch zu bekommen. Ein fataler Fehler, denn es war strengstens verboten, das Haus zu verlassen. Und wie der Zufall es wollte, wurden sie auf dem Rückweg von der Polizei aufgegriffen und für eine Nacht ins Gefängnis gesteckt. Der Rauswurf kam mit Ansage.

„Aber mittels eines Ombudsmanns durfte ich nach zwei Tagen doch zurückkehren – und habe die Schule beenden dürfen."

Den zweiten Teil des Gymnasiums, die Senior-Highschool, verbrachte er in einer selbst gewählten anderen Schule. Das Gisenyi Gymnasium lag im Westen des Landes. „Ich war da noch nie zuvor und so wollte ich diese Chance nutzen."

Die Abschlussprüfung der drei Jahre in der Senior-Highschool bestand er. Eigentlich war sein Ziel gewesen, genug Punkte zu bekommen, um ein Stipendium fürs Auslandsstudium zu erhalten. Doch letztlich erreichte er nicht einmal die Punkte für den Besuch der öffentlichen Universität in Kigali. Große Enttäuschung.

Zunächst führte sein Weg nach dem Schulabschluss erstmal wieder nach Hause. Er schlug sich durch mit Taxifahren und übernahm einen Job als Nachtwächter. Auch engagierte er sich ehrenamtlich in seiner Kirchengemeinde, leitete eine Kleingruppe und sang im Chor.

Und nun saß er hier in diesem Klassenraum für seinen letzten Test. Würde er einer der 25 aus Ruanda sein, die das Compassion-Stipendium bekommen würden? Machen wir es an dieser Stelle kurz: JA!

„Ich habe bestanden und bekam das Stipendium. Das änderte alles. Ich konnte nicht nur an der Public University studieren, sondern bei den Zusatztreffen wurden wir zu ‚dienenden Leitern' ausgebildet. Die Universität musste allerdings privat bezahlt werden. Das war durch Compassion möglich. Wir mussten uns immer wieder neu mit Fragen beschäftigen wie: ‚Was kannst du für deine Umgebung tun? Wie kannst du etwas von dem zurückgeben, was du während deiner Patenschaftszeit und in diesem Leiterschafts-Förderprogramm gelernt hast? Unser Blick für unsere Umgebung und unsere Nächsten wurde geschult. Wir haben zum Beispiel Arbeitseinsätze gemacht und als LDP-Studenten Häuser gebaut. Es war auch gut, dass während des gesamten Studiums Tanner an meiner Seite war und mich immer wieder ermutigte. Er hat mich vierzehn Jahre lang als Pate begleitet."

Compassion übernahm alle Kosten. Vital erhielt den ersten Laptop seines Lebens, sämtliche Bücher wurden zur Verfügung gestellt, Lebenshaltungskosten während des Studiums und Studiengebühren übernommen. Es gab auch Treffen mit anderen Studierenden aus anderen Ländern, die in dem Förderprogramm waren.

Vital schaffte schließlich 2014 mit 24 Jahren seinen Bachelor-Abschluss am „Gary Institute of Science and Technology", das heute Teil der „University of Rwanda" ist. Um den Master in „Wasser- und Umwelttechnik-Ingenieurwesen" zu machen, würde er nach Deutschland gehen. Eine Geschichte für sich, die im nächsten Kapitel erzählt wird.

Wie sieht er seinen Werdegang heute im Rückblick? „Zwei wichtige Partner haben mich zu dem werden lassen, der ich heute bin. Die Kirche und Compassion. Ich habe während meiner Kindheit und Jugendzeit viele wichtige Werte kennengelernt. Ich habe gelernt, auf Gott zu vertrauen. Ich habe dadurch viel Segen in meinem Leben erlebt. Bis heute."

18

Mein Weg nach Deutschland

„Was ist die Antriebsfeder in unserem Leben?“ – Es sind nicht immer die Träume und Wünsche von einer besseren Zukunft. Manchmal sind es auch die herausfordernden Lebensumstände mit ihren negativen Perspektiven, die uns antreiben, unser Schicksal in die eigene Hand zu nehmen.

Wenn der Teenager Vital sich in seinem Dorf umschaute, sah er vor allem Armut. Eine Armut, die ihn mit Aussagen attackierte wie „Schau dich doch mal um. Hier kommst du nie raus!“ oder „Kigali ist weit, du willst doch nicht da jeden Tag hinlaufen, um zu studieren, oder?“ Vielleicht sagte die Armut auch: „Du bist in meiner Hand und ich lasse dich niemals los.“

Vital träumte viel. Auf den langen Wegen zum Wasserholen, an den langen Abenden am Haus, auf seinem Weg zur Schule, auf seinem Weg zum Compassion-Projekt. Später saß er in seinem Zimmer im Internat der Highschool – und träumte. Er träumte von einem besseren Leben.

„Alle Träume können wahr werden, wenn wir den Mut haben, ihnen zu folgen“, hat der Comic-Gigant Walt Disney einmal gesagt. Der muss es ja wissen, hat er doch nicht nur mit seinen Figuren und Filmen Träume geweckt, sondern sich durch den weltweiten Erfolg selbst auch viele Träume erfüllen können.

Im Compassion-Programm war Vital zum Träumen animiert worden. Ein fester Bestandteil war „My plan for tomorrow“ – „Mein Plan für morgen“. Einmal im Jahr durfte jedes Patenkind intensiv darüber nachdenken, welche Träume es verfolgen wollte. Das wurde dann aufgeschrieben, mit einem Teammitglied der Leitung besprochen und in einer Mappe abgeheftet.

„Welche deiner Wünsche aus der Teenagerzeit haben sich erfüllt, Vital?", will ich bei einem unserer Gespräche wissen. Vital muss nicht lange überlegen: „Am Anfang wollte ich wie sehr wahrscheinlich jedes Kind in Ruanda Pilot werden. Danach kam Arzt in meinen Blick. Und schließlich Ingenieur. Aber noch mehr: Ich wollte wie mein älterer Bruder einen Führerschein haben und ein Auto besitzen. Ich wollte in Kigali wohnen. Ein Instrument wollte ich auch spielen können. Und …", er stockt ein wenig, um es dann stolz herauszuplaudern, „… ich wollte immer mal im Ausland studieren."

Das scheint funktioniert zu haben, denn wir sitzen in einem Restaurant in Stuttgart. Ich habe Vital gerade in das Geheimnis von Apfelstrudel eingeführt und dann gleich noch in das des italienischen Schaumgetränks mit Namen Cappuccino. Beste Voraussetzungen, um über seinen Weg nach Deutschland zu sprechen.

„Während meines Bachelor-Studiums in Kigali kam der Gedanke, im Ausland weiter zu studieren. Ich habe natürlich zunächst einmal über die USA nachgedacht und ein paar Universitäten rausgesucht. Aber 2012 traf ich ein Au-Pair-Mädchen aus Deutschland in meiner Kirchengemeinde in Kigali. Als sie schließlich wieder nach Hause musste, habe ich erstmals darüber nachgedacht, ihr zu folgen."

Warum nur? Aber nehmen wir das hier zunächst einfach mal als schlagkräftiges Argument hin. Vital begibt sich also auf die Suche nach Universitäten in Deutschland, an denen er weiter studieren und träumen kann. Von dem deutschen Mädchen und von einem besseren Leben als Ingenieur. So viel sei jetzt schon verraten: Er findet einen Weg, beides galant miteinander zu verbinden …

Schließlich wurde er in Stuttgart fündig. Ein englischer Masterstudiengang für „Luftreinhaltung, Müll-Entsorgung und Abwasserverfahrenstechnik" an der Uni Stuttgart schien genau das Richtige zu sein. Nur ein kleines Problem musste noch gelöst werden: Sein Bachelor-Studium in Ruanda war noch nicht beendet. Ein Jahr fehlte noch. Also hieß es zunächst, weiter zu träumen. Von der deutschen Freundin und von einem Studium in ihrem Land. Das Handwerkszeug zum Ausbau der Träume hieß: „Briefe schreiben“. Und in beiden Fällen funktionierte es. „Ich habe mich an der Uni Stuttgart mit Empfehlungsschreiben und verschiedenen Dokumenten aus meinem Studium beworben – und es hat zu meinem großen Erstaunen geklappt.“

Schließlich wurde die Zeit knapp für den Abschluss in Kigali, der Beantragung des Visums für Deutschland und dem Beginn des Studiums in Stuttgart. Nicht gerade leicht, denn es mussten noch 8.000 Euro zusammengebracht werden, bevor dieser Traum wahr werden konnte. Die sollten als Sicherheit auf einem deutschen Konto hinterlegt werden, bevor Vital das Studium beginnen konnte. Ein Nachweis, dass er dem deutschen Staat nicht auf der Tasche liegen würde: „Freunde und einige meiner Geschwister liehen mir das Geld. Ich war sehr verwundert über die deutsche Bürokratie. Die Bank musste der deutschen Botschaft in Kigali die Überweisung auf ein gesperrtes Konto nachweisen. Aber schließlich bekam ich mein Visum.“

Am 27. August 2014 saß Vital in einem Flugzeug, das gleich in Frankfurt/M. landen würde. Der gut gepflegte Kontakt zum ehemaligen Au-Pair-Mädchen machte ihn sicher: Es wird alles gut weitergehen. Dorrit – so der Name der Frau, die ihm nicht mehr aus dem Kopf gehen wollte, seitdem sie sich in Kigali getroffen hatten – hatte für ein Flixbus-Ticket nach Stuttgart gesorgt. Der Flug war ein wenig verspätet und sich im Gewirr der verschiedensten Bushaltestellen am Airport zurechtzufinden, war eine gewisse Herausforderung. Vital lernte direkt etwas sehr Deutsches kennen: Pünktlichkeit. Fünf Minuten zu spät – der Bus war weg!

Mit Englisch und mit „Händen und Füßen“ bekam er es schließlich hin, dass er mit dem nächsten Bus fahren durfte, ohne ein neues Ticket bezahlen zu müssen. In Zuffenhausen holte ihn eine Freundin ab. „Es war für mich gesorgt. Das Zimmer im Hostel der Universität konnte ich erst im Oktober bekommen, aber ich hatte eine Möglichkeit, bei Bekannten unterzukommen, die den kompletten September in Kigali verbrachten. So durfte ich in dieser Zeit in ihrer Wohnung in Stuttgart-Feuerbach bleiben."

Wohnung abgehakt, aber woher sollte jetzt Geld kommen? Das Leben war teuer – und es gab da ja in den nächsten Jahren auch noch Schulden, die zurückgezahlt werden wollten. Ein Job als Paketfahrer bei DHL sorgte für Einkommen. „Das war superanstrengend, denn ich kam mit dem Navi überhaupt nicht zurecht. Und so übernahm ich einen Lageristen-Job bei einem Modehaus. Ein anderes Thema stellte mich vor größere Probleme: Essen und Lebensmittel! Ich komme aus einer ruandischen Großfamilie. Ich musste mich um die Kühe und ums Wasser kümmern. Aber ich habe fast nie gekocht. Teller abwaschen, na, klar. Aber dafür zu sorgen, was vorher daraufkam? Fehlanzeige. Jetzt war ich auf einmal alleine in Stuttgart und musste mich selbst versorgen. Ich lief zum Supermarkt und war erschlagen von dem riesigen Angebot. Das gab es hier alles zu essen? Ich kam mir vor wie ein Idiot, denn ich konnte ja noch nicht einmal lesen, was auf den Verpackungen draufstand."

Willkommen im Land der Überraschungen! Der erste Tag an der Uni brachte noch mehr von ihnen: „Ich bin rumgelaufen wie ein kleines Kind, das seine Mama sucht. Alles war nicht nur neu, sondern einfach nur fremd. Mein erster Besuch in der Mensa war völlig verrückt. In der Reihe stehen, mehrere Essen zur Auswahl haben. Trotzdem nicht wirklich zu wissen, was da auf dem Teller lag. – Habt Ihr auch Ubugali und Kochbananen? Oder wenigstens Isombe und getrockneten Fisch? Wie bitte, nicht? – Okay, ich nehme dann das, was die da genommen hat. – Völlig abgedreht. An jeder Ecke gab es Ungewohntes. Ich kam abends nach Hause und war von den vielen Eindrücken einfach nur fix und fertig."

Etwas anderes versetzte Vital zusätzlich einen kleinen Schock. „Ich wurde nicht mit offenen Armen empfangen. Immer wieder erlebte ich Diskriminierung und Ausgrenzung. Mir wurde oft vor Augen geführt, dass ich ein Fremder war. Einer, der nur geduldet wurde, einer, der nicht dazugehört."

Dazu kamen dann zusätzlich noch die Sprachbarrieren. Ob im Ländle deutsch gesprochen wird oder nicht, darüber streiten ja nur diejenigen, die nicht dort zu Hause sind. Wenn Vital aber Dorrit besuchte, die zur Ausbildung im nordrhein-westfälischen Duisburg war, stellte er fest, dass dort ein völlig anderes Deutsch gesprochen wurde.

Den ersten Deutsch-Test an der Uni gestaltete er bewusst so, dass er komplett durchfiel und danach in die absolute Anfänger-Klasse eingestuft wurde. „So konnte ich wenigstens von Grund auf Deutsch lernen." Kochkurse an der Uni, Deutschkurse, Bla-Bla-Taxis von Stuttgart nach Duisburg am Wochenende – es gab einiges zu lernen.

Die finanziellen Fragen stellten sich ebenfalls jeden Tag aufs Neue, denn der Job im Modehaus konnte die Kosten des Studiums nicht tragen. Vital bemühte sich um ein Stipendium bei „Brot für die Welt", das ihm für die nächsten anderthalb Jahre gewährt wurde. Dabei unterstützte ihn vor allem Pfarrer Stephan Mühlich, der damals beim Ökumenischen Zentrum in Vaihingen arbeitete. Er wurde zum Türöffner für den jungen Mann aus Ruanda.

Die Uni verpflichtete Vital zum Deutschlernen, das Touristen-Visum musste in ein Studenten-Visum umgewandelt werden. Als er schließlich sein Zimmer im Studentenwohnheim bezog, war das Erste, was er bestellte, ein Internet-Anschluss: „Der war überlebensnotwendig, denn ich packte alle Texte aus amtlichen Schreiben und von der Uni in den Google-Translator. So konnte ich sie wenigstens verstehen."

Das musste er auch, denn einer der ersten Briefe in seinem Briefkasten kam von der GEZ. Den ignorierte er zwar, weil er ohnehin nicht wusste, wofür eine Rundfunkgebühr gut sein sollte. Ein fataler Fehler, wie ihm die mit reichlich Mahngebühren versehene letzte Rechnung am Jahresende deutlich machte. Dinge wie diese führten zu reichlich Gesprächsstoff mit Dorrit und der Möglichkeit, nicht nur sich gegenseitig besser kennenzulernen, sondern auch die deutsche Kultur.

Träume erfüllen sich nicht automatisch, sondern haben immer mit Menschen zu tun, die im richtigen Moment das Richtige tun. Es ist ein Kontakt zu der Mitarbeiterin von „Brot für die Welt“, Carolin Rölle, die für das berufliche Leben von Vital entscheidend war. Ihr erzählte er einmal von seinem Studium und sie erwähnte, dass ihr Vater ein Ingenieur-Büro in Stuttgart leitete. Das erste Treffen mit Dr.-Ing. Reinhold Rölle war der Auftakt zu einer anhaltenden Freundschaft.

Durch die Vermittlung von Reinhold Rölle waren Praktika bei verschiedenen Firmen möglich, auch ließ der neue Mentor Vital hinter die Kulissen eines Ingenieur-Büros schauen und brachte ihm am Beispiel einiger Projekte unternehmerisches Denken bei. Wasserwirtschaftsprojekte und Abfallwirtschaft war das Kerngeschäft von Götzelmann + Partner. Für Vital ein Eldorado an Fachwissen.

In einem Praktikum bei der Firma Lipp in Tannhausen konnte Vital vor allem seine Französischkenntnisse einsetzen und wurde später angestellt als Projekt-Manager für alle Projekte in Frankreich und französischsprachigen Länder. Vier Jahre würde er zum Mitarbeiter-Team gehören, bevor er in die IT-Branche wechselte, in der er bis heute tätig ist.

Ein Praktikum während der Studienzeit in Stuttgart blieb Vital immer in Erinnerung: „Ich hatte die Chance, bei einer großen Unternehmensgruppe in Stuttgart zu lernen. Ein Energiekonzern. Mein Supervisor Siegfried Preusch war ein waschechter Schwoab. Von ihm habe ich dann richtig Deutsch sprechen gelernt: No ned hudla! Und jetzele.“

19

Dorrit – eine Liebesgeschichte

Eine Liebesgeschichte, für die Ländergrenzen und Ozeane keine Hindernisse waren:

Ein junges Mädchen aus dem Süden Deutschlands macht sich auf die Reise, um in dem ostafrikanischen Land Ruanda ein Freiwilliges Soziales Jahr zu machen, ohne zu wissen, welchen Einfluss das auf ihr Leben haben wird.

Fidelante aus dem Compassion-Projekt hat mir Vital als einen im Kopf vielbeschäftigen Jungen beschrieben, der für alles Neue Interesse gezeigt hat, außer für das andere Geschlecht. Gleiches hörte ich von einem seiner besten Freunde, Remmy, der Vital auf dem Gymnasium kennengelernt hat. „Partys? Nö! – Mit Mädchen rumgehangen oder getanzt? Nö! Hinter dem Speisesaal im Internat bei Sonnenuntergang heimlich geknutscht?" – „Du meinst Vital? Niemals!"

Okay, ich habe es dann schließlich aufgegeben, noch weiter zu fragen. Bis ich Dorrit kennenlerne, seine heutige Frau und die Mutter ihrer beiden bezaubernden Jungs. „Schon in meiner Teenagerzeit", erzählt Dorrit, „habe ich mich mit sozialer Gerechtigkeit beschäftigt. Immer wieder habe ich gefragt, was meine Verantwortung in dieser Welt ist und wo ich mich dafür engagieren kann. Nach meiner Schulzeit war klar, dass ich ein Freiwilliges Soziales Jahr machen würde."

Ihre Wahl fiel auf eine christliche Organisation, die sich „Co-Workers" nennt. Die hatten ein Projekt in Kigali und so saß sie eines Tages in einem Flugzeug mit Ziel Ruanda. Wie wurde das von ihrer

Familie im badischen Achern gesehen? „Meine Eltern haben mich immer unterstützt. Mit einem ruandischen Schwiegersohn ein paar Jahre später haben sie aber sicherlich nicht gerechnet."

In Kigali suchte Dorrit relativ schnell Anschluss an eine internationale Kirchengemeinde, zu der auch ein groß gewachsener junger Mann namens Vital gehörte. In einem Bibelgesprächskreis und im Chor der Gemeinde lernten sie sich besser kennen Doch Hals über Kopf verliebt zu sein, ist nicht unbedingt eine gute Basis für ein späteres gemeinsames Leben. Dorrit wird ein wenig nachdenklich, als sie über ihre Gefühle damals spricht: „Ich wollte mich nicht in etwas stürzen, was dort in Ruanda zwar schön war, aber nachdem ich dann wieder in Deutschland bin, ist alles nur eine nette Episode in einem fremden Land. Deshalb haben wir uns zwar unsere Zuneigung versichert, aber ich wollte erst mal wieder in Deutschland etwas Abstand gewinnen und mir dann im Klaren werden, ob so eine interkulturelle Beziehung tatsächlich eine Chance haben kann."

Und so verließ sie nach dem Jahr Kigali in Richtung Deutschland – mit Vital im Herzen und vielen Fragen im Kopf. Für Dorrits Eltern stellte eine mögliche Beziehung zu dem Ruander kein Problem dar, denn als ihre Mutter sie während der Zeit einmal in Kigali besuchte, hatte sie die Chance, Vital kennenzulernen, als er seiner heutigen Schwiegermutter einige Orte in seiner Heimat zeigte. Insgeheim mag Vital Hoffnung gehabt haben, einen guten Eindruck bei den Eltern des hübschen Mädchens hinterlassen zu haben.

Tatsächlich wird es später keine kritischen Nachfragen im Elternhaus geben, sondern Vital wird mit offenen Armen empfangen. Vital erzählt, dass Dorrits Lächeln ihn am meisten verzaubert habe. Sein Auslandsstudium in Deutschland sieht er als Möglichkeit, Dorrit wiederzusehen.

Nachdem das geklappt hat und Vital in Deutschland gelandet ist, kann die Beziehung vertieft und gelebt werden. Ein neuer Abschnitt beginnt – und am 9.9.2017 wird in der Auferstehungskirche in Offenburg geheiratet. Mit über 100 Gästen aus 17 Nationen.

In der Zwischenzeit haben auch Vital und ich uns gut kennengelernt, das ehemalige Compassion-Patenkind aus Ruanda und der Direktor von Compassion Deutschland. Irgendwann hatte Vital bei uns im Büro angerufen, kurz seine Geschichte erzählt und gefragt, ob er mal vorbeikommen könnte.

Trotzdem war ich sehr überrascht und fühlte mich sehr geehrt, als Vital und Dorrit mich fragten, ob ich die Trauung und die Predigt halten könnte.

Noch überraschter war ich aber, als sie mir den Wunschtext für die Predigt mitteilten: „Der Feigenbaum grünt nicht, an den Weinstöcken ist kein Gewächs, die Äcker bringen keine Nahrung, die Schafe sind aus den Hürden gerissen, und in den Ställen keine Rinder." (Habakuk 3,17)

„Das ist ja ein super Start für eine Ehe, so positiv und hoffnungsvoll", ging es mir – etwas sarkastisch veranlagt – durch den Kopf. Aber Vital und Dorrit haben ihre ganz eigene Interpretation dieses Verses: „Dieser Text aus Habakuk ist wie eine Hymne für uns. Um uns herum gibt es auch heute Ungerechtigkeit, Armut, Hunger und Leid. Wir möchten unsere Augen nicht verschließen. Aber Gott hat alles unter seiner Kontrolle."

Dorrit sagte bei einem Treffen vor dem Hochzeitstermin: „Wir sind uns bewusst, dass unsere Ehe auch harte Zeiten erleben wird. Und in diesen Herausforderungen wird dieser Text zu uns sprechen, denn es heißt weiter: ‚Und doch will ich jubeln, weil Gott mich rettet, der Herr selbst ist der Grund meiner Freude! Ja, Gott, der Herr, macht mich stark; er beflügelt meine Schritte, wie ein Hirsch kann ich über die Berge springen.'" (Habakuk 3, 18-19)

Kulturelle Unterschiede werden zum Beispiel ein Teil dieser Herausforderungen sein. Wie die nach fünf Jahren Ehe aussehen, erzählen die beiden mir bei einem unserer Gespräche für dieses Buch:

„Oh ja, die gibt es", meint Dorrit, „aber wir schaffen es immer wieder, uns zu arrangieren. Die deutsche Kultur überwiegt ein wenig bei uns, weil wir nun mal hier in Stuttgart wohnen. Trotzdem spielt die ruandische Kultur keine geringe Rolle."

„Zum Beispiel?“, will ich natürlich sofort wissen. „Wir haben hier immer ein offenes Haus und es kommen wirklich viele Leute zu Besuch“, fällt Dorrit spontan ein. „Echt jetzt?“, fragt Vital nach. „Das ist viel für dich? Sagen wir mal, vielleicht für deutsche Verhältnisse. In Ruanda wären wir die Einsiedler, die keinen in ihr Haus lassen …“

Und er ergänzt, was sich für ihn am stärksten verändert hat: „Für mich ist es mittlerweile selbstverständlich, dass wir uns Aufgaben rund um den Haushalt und die Kinder aufteilen. Das war zumindest in der Vergangenheit in Ruanda sehr unüblich. Da hat man selten einen Vater gesehen, der die Windeln seiner Kinder wechselte.“

Ich ahne, dass das ein Fass ohne Boden werden kann, und frage daher am Schluss unseres Gespräches nach dem Rezept, wie eine Ehe mit Menschen aus unterschiedlichen Kulturkreisen gelingen kann? Die Antwort der beiden leuchtet mir sofort ein:

„Reden, reden, reden – und die eigene Kultur und Prägung nicht zum Maß aller Dinge machen.“

20

Versöhnung – was sonst?

Manchmal ist es die Größe eines Wortes, die uns davor zurückschrecken lässt, uns näher damit zu beschäftigen. Solch ein Wort ist „Versöhnung". Wir ahnen, dass es sie nicht kostenlos gibt. Wir wissen, dass es nicht ausreicht, Versöhnung nur zu wollen, sondern sie muss praktisch umgesetzt und dann auch gelebt werden. Und da fangen die Probleme an. Es reicht nicht aus, Brücken der Versöhnung zu bauen. Wir müssen auch gewillt sein, über diese Brücken zu gehen.

Wie um alles in der Welt soll sich ein ganzes Volk versöhnen? Wie können Feinde wieder zu Freunden werden? Wie können Menschen, die sich gegenseitig körperlich und seelisch verletzt haben, ihre Hände in dieselbe Schüssel mit Essen tauchen? Das Ausmaß des Massakers versetzte Ruanda nach den einhundert Tagen des Mordens in eine kollektive Schockstarre. Das langsame Erwachen aus dem teuflischen Alptraum brachte eine Erkenntnis mit sich, die ebenfalls nur schwer zu ertragen war: Sie leben unter uns! Die Täter sind noch da.

Die Geschichte Ruandas ist selbst fast 30 Jahre nach dem Völkermord so vielschichtig, dass sie schwer zu verstehen ist. Denn neben den vielen persönlichen Fragen, die sich die Menschen in den Dörfern und wenigen Metropolen stellen mussten, drängte sich eine Frage sofort nach dem Ende des Massakers auf: Gibt es so etwas wie eine staatlich verordnete Versöhnung?

Die neue Regierung unter dem FPR-Führer Paul Kagame fing sofort mit der Aufarbeitung der Ereignisse an. Neben den vielen nationalen Gerichten und den Dorfgerichten der Gacaca wurde im tansanischen Arusha ein internationaler Gerichtshof zur Aufarbeitung der

Verbrechen während des Genozids etabliert. Letztlich waren aber alle eingesetzten Gerichte hoffnungslos überfordert. Bei aller Unzulänglichkeit der ergriffenen Maßnahmen hatte die neue Regierung von Anfang an ein erklärtes Ziel, das bis heute gilt: Die Einheit des Landes musste wiederhergestellt werden. Die Ruander mussten irgendwie wieder zueinanderfinden. Sowohl im persönlichen Bereich, wo dem Staat nicht viele Mittel zur Verfügung standen, als auch im gesellschaftlichen Bereich.

Viele Kirchen beteiligten sich an Versöhnungscamps. Die neue Regierung setzte eine „Kommission für Versöhnung" ein, in der auch viele Christen mitarbeiteten. Es sollten Strategien für Versöhnung erarbeitet werden. Jedem Akteur des Prozesses wurden klare Aufgaben zugewiesen: der Regierung, dem Parlament, der Justiz, der Armee, aber auch den Schulen und Bildungseinrichtungen, verschiedenen gesellschaftlichen Gruppen und auch den Kirchen. Das ging nicht ohne Rückschläge und harte Arbeit. Immer wieder tauchten ideologische Vorurteile auf, die es zu bekämpfen galt. Ein Prozess, der in den Kirchen viel in Bewegung setzen sollte.

Der Bischof der Church of the Province of Rwanda von Kigali, Antoine Rutayisire, hat vor vielen Jahren ein Buch über den Genozid geschrieben mit dem Titel „Und trotzdem reiche ich dir die Hand". Damals war ich Verleger und hatte die große Ehre, die deutsche Ausgabe veröffentlichen zu dürfen. Ich weiß noch, wie wir im Frühjahr 2001 im Meetingraum des Verlages zusammensaßen und er von seinen Erlebnissen während des Völkermordes berichtete. Zwischendurch sagte ich, dass ich jetzt erstmal „frische Luft" schnappen müsse, bevor wir weitersprechen könnten. Die Berichte hatten mich emotional richtig „angefasst". Trotz allen bösen Erlebnissen strahlte Antoine etwas aus, das ich selten in einem Menschen gesehen hatte: Kompromisslose Versöhnungsbereitschaft. Viele Jahre später erfuhr ich, dass er Mitglied der „Kommission für Versöhnung" geworden war.

„Gott war bei uns während des Völkermordes. Darauf konnten wir aufbauen", sagte er später einmal in einem Interview mit dem Radiosender ERF. Und trotzdem mussten auch die Kirchen während des Versöhnungsprozesses viel lernen: „In Ruanda predigen wir Versöhnung, aber wir spielen Arzt und sind doch selbst krank. Wir müssen unsere Denkmuster anpassen und das ist ein langer Prozess. Wir sind auf dem Weg der Besserung, aber noch nicht am Ziel."

„Kann eine schuldige Kirche versöhnen?", so wurde in den Jahren dieses Prozesses immer wieder gefragt. Was dagegen sprach, waren oft die kirchlichen Strukturen, die teilweise zum Genozid beigetragen haben.

Aber das Leben musste irgendwie weitergehen. Die Aufarbeitung dauert auch heute noch an. Überall im Land gibt es nach wie vor Gedenkstätten. Der Genozid ist bis heute im Alltagsleben in Ruanda präsent. Fast könnte man von einer „Kultur der Erinnerung" sprechen. Ein ruandisches Sprichwort sagt: „Du kannst nicht vergeben, wenn du vergisst!"

Moment mal! Ich sehe ein großes Fragezeichen auf unseren Gesichtern: Hat man uns nicht tausendmal gepredigt, dass Vergeben immer mit Vergessen einhergehen muss? Nein, muss es nicht! Das wird mir klar, wenn ich mir die Geschichte Ruandas vor Augen führe. Die Vergangenheit zu vergessen würde hier bedeuten, die vielen Opfer auch noch ihrer Würde zu berauben. Würden ihr Leiden und Sterben in Vergessenheit geraten, würde man so tun, als hätten sie nie existiert. Deshalb ist es eine Frage der Würde, sich immer wieder daran zu erinnern, was gewesen ist. Nur wie?

Versöhnung – was ist das? Hat die berühmte Zeile aus dem Vaterunser, die Christen weltweit in ihren Gottesdiensten sprechen, hier in Ruanda eine besondere Bedeutung? „Vergib uns unsere Schuld, wie auch wir vergeben unseren Schuldigern."

Versöhnen, vergeben, verzeihen – diese drei Begriffe gehören unmittelbar zusammen. Dabei fällt das Verzeihen vielen von uns am leichtesten. Wir verwenden diese Bezeichnung meistens für Dinge, die nicht so schwerwiegend sind. Anderen zu vergeben fällt uns dagegen schon nicht mehr so leicht. Aber beides ist nichts gegen eine

Versöhnung. Sie ist dauerhaft, nachhaltig und grundlegend. Versöhnung bezieht sich auf eine Beziehung. Etwas, das beide Kontrahenten betrifft. Antoine Rutayisire definiert es so: „Ich stelle mir vor, wie Täter und Überlebende des Völkermordes zusammenkommen, der Überlebende seinen Hass bewältigt, Heilung erfährt und lernt zu vergeben. Ich sehe die Täter, wie sie begreifen, dass sie Sünde begingen, Buße tun und ihre Schuld bekennen – das ist wahre Versöhnung."

Wie sieht das in Vitals Familie aus? Hat es eine Begegnung mit dem Mörder seines Vaters gegeben? Gab es ein klärendes Gespräch? „Noch nicht", sagt Vital. „Das hat sich bis heute leider noch nicht ergeben. Aber dieser Zeitpunkt wird kommen. Wir sind uns immer wieder begegnet, aber es hat sich leider nie die Möglichkeit aufgetan, miteinander über das Geschehene zu sprechen. Trotzdem gibt es keine Bitterkeit in unseren Herzen."

Ich frage Mama Vital nach ihren Erfahrungen. Sie hatte ja von dem in ihr aufsteigenden Hass gesprochen, wenn sie dem Mörder ihres Mannes begegnet ist. Wir sitzen an einem großen Esstisch in einem Wohnzimmer und ich traue meinen Ohren nicht. Sie sagt: „Ich hege keinen Groll mehr gegen den Mann. Wenn er jetzt hier in dieses Zimmer kommen würde, könnte ich ihm wie jedem anderen Menschen neutral und ohne negative Gefühle begegnen. Vielleicht würden wir einen Tee miteinander trinken."

Wie bitte? Hatte sie nicht gesagt, dass sie immer, wenn sie ihm nach dem Genozid begegnet ist, überlegt hätte, wie sie ihn töten könnte? Und jetzt das? So locker wie sich das hier vielleicht liest, war es nicht. Denn zu der beschriebenen Dunkelheit und vergifteten Atmosphäre im Dorf und im ganzen Land kamen natürlich nach dem Völkermord noch die persönlichen Gefühle hinzu. Alphonsine erzählt, welche inneren Kämpfe sie zu durchleben hatte, bis es zu jener Nacht kam, die alles ändern sollte:

„Ich musste eine Entscheidung treffen. Würde der Hass siegen? Würde es nützen, den Mörder ebenfalls zu ermorden? Was sollte ich tun? Ich bin Gott zutiefst dankbar, dass er mich aus diesen Gedanken herausgeholt hat. An diesem Abend hat er mir die Kraft gegeben zu vergeben. Er hat mir einen nie zuvor gekannten inneren Frieden gegeben. Es war wie ein neues Leben. Danach konnte ich wieder mit den Leuten im Dorf sprechen. Ich konnte wieder in die Kirche gehen. Ich habe mich wieder unter die Leute getraut. Ich habe gemerkt, dass wir als Familie weiterleben, ja, wieder neu leben konnten. Ich habe in dieser Nacht erlebt, wie Jesus mich und meine Familie komplett neu gemacht hat, uns ein neues Leben geschenkt hat. Einige Wochen später hat er mich auch von meiner Asthma-Erkrankung geheilt. Das Leben konnte weitergehen!"

Offensichtlich hat Mama Vital in dieser Nacht erfahren, was die Bibel mit „Shalom" beschreibt: Einen inneren Frieden, der uns erfasst und in unser Herz gepflanzt wird. Die Erkenntnis, dass Gott die Dinge in seinen Händen hält und es alles okay sein wird. „Shalom" erfasst den ganzen Menschen und verändert sowohl die seelische als auch die körperliche Verfassung. Das hat Auswirkungen auf alle unsere Beziehungen. Vergebung und Versöhnung haben mit einer bewussten Entscheidung zu tun. Einer Entscheidung, die wir vielleicht noch nicht einmal selbst treffen können, wie Alphonsine weiter erklärt:

„Gott hat uns geholfen, die Dunkelheit Stück für Stück zu überwinden. Uns war ziemlich schnell klar geworden, dass es keine Alternative gab, als mit den bösen und dunklen Erlebnissen weiterzuleben. Es war geschehen – und wir mussten es akzeptieren und damit weiterleben. Wir konnten das gar nicht ohne Gott. Der Weg der Vergebung war alleine nicht möglich. Ich wusste, dass ich nur mit Jesus unser Leben wieder zurückgewinnen würde. Die Bibel sagt, dass uns nur vergeben werden kann, wenn wir selbst zur Vergebung bereit sind. Tief in meinem Herzen wusste ich, dass es wahr ist. Deshalb habe ich immer wieder darüber nachgedacht, wie ich Vergebung leben kann und dem Mörder meines Mannes und den Mördern meiner ganzen Verwandtschaft vergeben könnte. Es war nicht einfach, aber mit Gottes Hilfe war es möglich."

Alphonsine war ein Vorbild für die ganze Familie, wie Vital mir in einem unserer vielen Gespräche immer wieder versicherte: „Das Vorbild unserer Mutter hat uns alle geprägt. Sie sagte uns immer und immer wieder neu, dass wir unseren Vater nicht wieder zum Leben erwecken könnten, wenn wir Rache üben. Das war für uns wichtig, denn natürlich haben meine älteren Brüder immer mal wieder darüber gesprochen, wie sie sich rächen könnten."

Vergebung macht frei. Das klingt wie ein Spruch aus dem christlichen Poesie-Album, aber Vitals Familie zeigt mir, dass er stimmt, wenn er gelebt wird. Rache hätte die Familie nicht nur ins Gefängnis gebracht, sondern Rachegedanken hätten sich wie schwere Ketten um die Herzen und Gedanken gelegt. Es ist bedrückend, immer darüber nachzudenken, welche Form der Rache wir üben könnten. Wie befreiend ist es, sich für die Versöhnung zu entscheiden.

Leichter gesagt als gelebt. In Kigali treffe ich Dr. Laurent Mbanda, den Erzbischof der Church of the Province of Rwanda, die mit über einer Million Mitgliedern neben der englischen weltweit die größte anglikanische Kirche ist. Er ist ein fröhlicher Mann und begrüßte mich mit den Worten: „Willkommen im Land der tausend Hügel und des tausendfachen Lächelns."

Dr. Mbanda ist seit 2018 Erzbischof und war 39 Jahre alt, als der Völkermord in Ruanda sein Unwesen trieb. „Unser Land wurde in Asche gelegt, als der Genozid an den Tutsi geschah. Doch wir wurden neu befähigt, miteinander zu leben. Das war nur durch den Versöhnungsprozess möglich. Hier zeigte sich eine gute Leitung durch die Regierung und die Kirchen. Der Wille zur Versöhnung war der Schlüssel für die positive Entwicklung."

Schnell kommen wir ins Gespräch über Versöhnung und er erzählt, dass gerade in Ruanda dieses Wort eine besonders wichtige Bedeutung habe. „Versöhnung hat für mich viel mit meinem Verhältnis zu Jesus zu tun. Wenn Paulus in seinem Brief an die Korinther schreibt, dass, wenn ein Mensch Christ wird, das alte Leben vergangen ist und ein völlig anderes, ein neues Leben begonnen hat, dann führt dieses neue Leben in die Versöhnung. Versöhnung mit Gott, Versöhnung mit mir selbst und dann schließlich auch die Versöhnung mit anderen Menschen. Jesus hilft uns, ein versöhntes Leben zu führen. Eine umfassende Wiederherstellung geschieht. Das betrifft unser ganzes Leben."

Welche Auswirkungen das hat und wie es glaubhaft gelebt werden kann, das hat mir noch niemand so glaubhaft vor Augen geführt wie Vitals Mutter. Es waren nur wenige Stunden, in denen wir uns in Kigali begegnet sind. Eigentlich wollte sie zunächst gar nicht mit mir sprechen und hat sich sehr genau überlegt, ob sie in diesem Buch auftauchen möchte. Ich bin froh, dass sie schließlich doch dazu bereit war. Eine demütige, aufrichtige und lebenserfahrene Frau, die viel erlebt hat. Eine Frau, die Jesus erlaubt hat, in ihrem Herzen zu wohnen. Und das meine ich wörtlich, auch wenn es für einige vielleicht sehr fromm klingt. Aber Alphonsine ist genau das: eine Frau, die Jesus erlaubt hat, in ihrem Herzen zu wohnen.

Ich gehe von der Begegnung mit ihr gesegnet, nachdenklich und beschenkt nach Hause. Ihre Antwort auf meine letzte Frage werde ich (hoffentlich) in meinem Leben nie mehr vergessen.

„Mama Vital, ich komme aus einem Land, wo viele Christen viel weniger schlimme Dinge erlebt haben als du. Aber es gibt so viele bei uns, die können einfach nicht vergeben. Nicht sich selbst, nicht Gott – und schon gar nicht anderen Menschen. Wenn nun jemand zu dir käme und deinen Rat haben möchte, weil er nicht vergeben kann. Was würdest du ihm sagen?"

„Ich würde ihm oder ihr sagen: Du kannst das auch gar nicht! Du kannst nicht vergeben. Du hast keine eigenen Mittel und die Fähigkeiten dazu, aus dir selbst heraus anderen zu vergeben. Das musst du erst einmal erkennen und zugeben. Wenn du aber Jesus bittest, Vergebung in dir selbst zu bewirken, dann wird es auch möglich sein, den anderen zu vergeben. Aber wenn du nur auf deine eigenen Kräfte und Fähigkeiten vertraust, wirst du scheitern. Du kannst es immer wieder versuchen, es wird dir nicht gelingen. Wenn Jesus dich selbst aber verändern darf und etwas Neues in dir entsteht, dann kannst du auch vergeben und Versöhnung leben. Du brauchst diese besondere Kraftquelle oder du wirst es nicht schaffen."

21

Ruanda – ein Land mit Zukunft

Langsam, aber sicher verliere ich die Geduld. Seit einer gefühlten halben Stunde stehen wir nun im Supermarkt an der Kasse und schauen drei völlig ruhig agierenden Verkäuferinnen zu. Dabei geht es doch nur um zehn Wasserflaschen, drei Tüten mit Salzgebäck und zehn Marsriegel.

Vital hat mich an diesen Ort geschleppt, damit wir noch ein paar Dinge für die Autofahrt in sein Dorf einkaufen können. Das hier ist nun wirklich kein Großeinkauf. Aber anscheinend funktioniert das Scangerät nicht und so ist Handarbeit gefragt. Eine der freundlichen Damen hinter dem Tresen nimmt jede Flasche, jede Tüte und jeden Schokoriegel einzeln in die Hand – und liest in aller Ruhe die darauf befindliche Nummer vor. Diese wird dann in die Tastatur der Kasse eingetippt. Mit Genauigkeit, Enthusiasmus und vor allem: mit Ruhe.

Von wegen: eine für alle und dann einfach mal zehn gedrückt. Nein, jede einzelne Flasche und jedes einzelne Teil wird mit derselben Liebe zum Detail begutachtet. Und dann wird die Nummer zum Eintippen vorgelesen. Dass dabei dann auch schon mal Fehler passieren, ist klar. Und dann wird es eben in aller Ruhe noch einmal gemacht. Die dritte Person ist mindestens ebenso wichtig. Sie packt jedes einzelne Teil sorgfältig in die Einkaufstüte, die mir am Ende der Prozedur zuvorkommend und mit dem schönsten Lächeln überreicht wird. Meine Güte!

Ich werde an ein afrikanisches Sprichwort erinnert, das genau für Fälle wie diesen gemacht zu sein scheint: „Gott gab den Europäern die Uhr und den Afrikanern die Zeit."

Wir tanken noch kurz, bevor es dann wieder in Vitals Heimatdorf geht. Es wird sehr schnell klar, dass Ruanda sich anschickt, eine Dienstleistungsgesellschaft zu werden. Von wegen selbst den Tankrüssel übernehmen. Diese Hoheit hat nur einer: der Tankwart höchstpersönlich. Der ist gerade mit drei anderen Autos beschäftigt und das kann schon mal etwas länger dauern. „Willst du noch was zum Essen?", fragt Vital. Er hätte auch fragen können, ob wir zwischendurch noch mal kurz in ein Restaurant gehen sollen, bis unser Auto dann endlich an der Reihe ist. Dann endlich gibt uns der Tankwart die Ehre und das Auto wird vollgetankt.

„Mit Karte zahlen?", fragt er ein wenig verdutzt, als ich ihm schon mal – europäisch gut vorbereitet – das Plastikteil entgegenstrecke. „Moment bitte, da muss ich erstmal nachfragen." Spricht er und verschwindet, um nach gefühlten zwanzig Minuten dann wieder zurückzukehren. „Wie war das nochmal mit dem Restaurant, Vital?", denke ich. Die Antwort des Tankwarts ist sehr simpel und sehr gut verständlich (zumindest nachdem Vital sie mir übersetzt hat): „Leider ist das Gerät kaputt, es geht nur Cash." Alles klar.

Vital legt das Geld vor, denn so viele Ruanda-Franc habe ich nicht bei mir. So weit, so gut. „Ach so", werfe ich ein. „Ich bräuchte noch eine Quittung!" „Quittung?" – Ich schaue in fragende Augen. „Dafür bräuchte ich jetzt nochmal Ihre Kreditkarte." – „Wie bitte????" Nun, gut, andere Länder, andere Sitten. Schließlich kommt er dann doch zum Wagen zurück, gibt mir die Kreditkarte und eine Quittung und wünscht uns einen guten Tag.

Zwei kleine Erlebnisse, die nur aus europäischer Sicht eigenartig sind. Vielleicht mache ich mir tatsächlich viel zu viel „deutschen Stress" in meinem Leben und sollte die Dinge einfach mal etwas lockerer sehen. „Pole Pole" heißt es auf Swahili und das meint: „Take it easy", „Sei gelassen" oder für Deutsche übersetzt: „Stress dich nicht!"

Auf unserer kleinen Reise in seine Vergangenheit lerne ich auch Vital nochmal von einer ganz anderen Seite kennen. Wie hatte mir seine alte Compassion-Freundin Fidelante doch gesagt: „Vital ist immer busy. Er ist immer mit vielen Dingen gleichzeitig beschäftigt." Und trotzdem ist er fähig, sich einem anderen Menschen voll zuzuwenden, zuzuhören und Bedürfnisse und Stimmungen zu erkennen. Mehrmals fahren wir in sein Dorf und jedes Mal hat er eine neue Geschichte, ein neues Detail oder eine neue Erkenntnis, die er gerne teilt.

Wir fahren durch die Hauptstadt Kigali. Es fällt auf, dass sie extrem aufgeräumt, geordnet und sauber ist. Kein Wunder, denn es gibt im ganzen Land keine Plastiktüten und wer welche bei seiner Einreise im Koffer hat, wird erstaunt sein, wie die Behördenbediensteten damit umgehen.

Der Umweltschutz prägt das Land. Das merkt man nicht nur am Verbot von Plastiktüten. In Ruanda gibt es extra einen „Umuganda"-Tag („Tag der Gemeinwesensarbeit"). Am letzten Samstag jedes Monats ist der „Kehrtag" Ruandas. Da werden Straßen, Parks und Gärten gereinigt – von allen! „Schwänzen" ist verboten. Vielleicht hat es Vital deshalb schließlich ins Schwabenländle gezogen. So musste er sich zumindest in dieser Hinsicht nicht umgewöhnen. Es gibt vermutlich nur wenige Länder in Afrika, wo so sehr auf die Umwelt und die Sauberkeit geachtet wird wie in Ruanda.

Als ich 2007 zum ersten Mal in Ruanda war, fiel mir sofort auf, dass ich mich auch als europäischer Gast abends auf den Straßen sehr sicher fühlen konnte. Die Menschen waren freundlich, fröhlich und zuvorkommend hilfsbereit. Schnell kam man mit ihnen ins Gespräch – und viele sprachen englisch.

An jeder Ecke der Hauptstadt und entlang den Straßen in die umliegenden Dörfer und Regionen ist sehr viel Polizei zu sehen. Die achtet auf alles. Auf einer elendig langen Strecke mal kurz bei einer durchgezogenen gelben Linie den LKW überholt und schon wird man einen Kilometer später rausgewunken. Das braucht dann vor allem Zeit, viel Zeit.

„Vital, was hat er gesagt und warum musstest du jetzt kein Ticket bezahlen?", frage ich meinen Freund, nachdem er seinen Fall mit den beiden Polizisten mal locker 30 Minuten verhandelt hat. „Ich habe ihm gesagt, dass ich es nie wieder tun werde." „Aha, und sehr wahrscheinlich habt ihr auch noch die Verwandtschaftsverhältnisse geklärt."

Das muss allerdings nachhaltig gewesen sein, denn am nächsten Tag an gleicher Stelle nur in die andere Richtung fahrend geht das Schauspiel in die zweite Runde. Es müssen wohl andere Polizisten gewesen sein, denn nach einer weiteren gefühlten halben Stunde Palaver kommt Vital wieder ohne Ticket zum Auto zurück. *„Was hast du diesmal gesagt?"*, frage ich. Die Antwort kennen wir schon.

Ruanda ist ein sehr junges Land. 60 Prozent der etwa 12,5 Millionen Einwohner sind unter 22 Jahren, 40 Prozent sogar jünger als 14 Jahre. Haben den Genozid also selbst nicht miterlebt. Diese 12,5 Millionen Menschen leben übrigens auf einem Gebiet, das ähnlich groß ist wie Rheinland-Pfalz. Ruanda ist das Land mit der höchsten Bevölkerungsdichte Afrikas. Wirtschaftlich hat es in den letzten 25 Jahren eine unglaubliche Entwicklung erlebt. Vom Genozid-Land mit der ärmsten Landbevölkerung gelang der Aufstieg zum „Singapur Afrikas", zu einem Musterschüler der wirtschaftlichen Entwicklung.

Ruanda ist mit einem Wirtschaftswachstum von ca. acht Prozent ein Leuchtturm des Kontinents. In Kigali gibt es umfangreiche Bautätigkeiten, die Infrastruktur ist sehr gut, große Einkaufszentren und Bürokomplexe prägen das Stadtbild. Über 50 Prozent der Wirtschaftsleistung wird im Dienstleistungssektor erzielt. Es gibt in der Hauptstadt eine beachtliche Start-Up-Szene. Ruanda will demonstrieren, dass es sich in den vergangenen Jahrzehnten grundlegend verändert hat. Dass es möglich ist, auf dem afrikanischen Kontinent erfolgreich zu sein. Auch wenn die Regierung von Paul Kagame vor allem von westlichen Beobachtern als restriktiv, wenn nicht sogar autoritär beurteilt wird, so ist der Erfolg der letzten Jahre unbestritten. Vor allem seine Doktrin „Wir sind alle Ruander" hat dazu geführt, dass Frieden im Land herrscht.

Dazu kommt, dass in Ruanda die Frauen an der Macht sind. Das Parlament des Landes ist zu 61 Prozent mit Frauen besetzt. Das ist ebenso erstaunlich wie die Konzentration der Regierung auf die Förderung von Kinderrechten. Bereits 2011 wurde eine Regierungsorganisation für die Kinderrechteförderung gegründet. Ruanda gehört zu den wenigen Ländern, die die Millenniumsentwicklungsziele der UN größtenteils erreicht haben und das ostafrikanische Land hat eine Vorreiterstellung beim Erreichen der Klimaziele.

Trotzdem sind die Probleme des Landes nicht zu übersehen. Ruanda ist nach wie vor eines der ärmeren Länder der Welt. Mehr als 80 Prozent der Gesamtbevölkerung leben auf dem Land. Knapp 37 Prozent der Menschen sind unterernährt und gerade in den ländlichen Regionen ist zum Beispiel die Trinkwasserversorgung alles andere als zufriedenstellend. Im aktuellen Index der menschlichen Entwicklung der Vereinten Nationen (HDI) (Stand 2021) belegt Ruanda Rang 165 von 191 Staaten. Grund sind eine hohe Bevölkerungsdichte und Landknappheit.

Das tropische Hochlandklima mit einer großen Regenzeit von Februar bis Mai und einer noch größeren Trockenzeit von Juni bis Mitte September trägt ebenfalls dazu bei, dass die Menschen permanent im Risiko leben. Bleibt der Regen aus, wird das Überleben sehr schwierig.

Die Armut in den ländlichen Gebieten führt dazu, dass auch heute noch viele Kinder arbeiten müssen und nur unzureichend medizinisch versorgt sind.

Die Zukunft Ruandas hängt – bei allem wirtschaftlichem Erfolg des Landes – vor allem mit der Situation der Kinder und Jugendlichen zusammen. Sie zu unterstützen und ihnen zu einem selbstbestimmten und wirtschaftlich erfolgreichen Leben zu verhelfen, bleibt die wichtigste Aufgabe.

Weil die Armut nicht einfach so verschwindet, setzt sich Vital heute für sein Heimatdorf ein und sorgt dafür, dass es den Menschen dort wirtschaftlich ein bisschen besser geht, wie wir im nächsten Kapitel sehen werden.

22

Mein Engagement für eine bessere Welt

Das ist die Geschichte von Vital Nsengiyumva, dem Jungen aus Ruanda, der den Genozid überlebt hat und aus dem das geworden ist, was seine Mutter immer erträumt hat: „Ich hatte die Gewissheit, dass Vital gut aufwachsen würde und Gott etwas Besonderes aus seinem Leben machen würde. Wenn ich sein Leben heute betrachte, dann kann ich Gott nur danken. Vital konnte studieren, er ist ein Mensch, der gute Beziehungen zu anderen pflegt, und er ist ein sehr offener Mensch geworden. Wenn ich sein Leben sehe, sehe ich vor allem Gottes Liebe. Dass er aufwachsen konnte, dass er ein Patenkind wurde, dass er studieren durfte, dass er heute mit Dorrit und den Kindern in Deutschland lebt. Das ist alles Gottes Gnade."

Heute arbeitet er als Ingenieur in der IT-Branche, hat eine kleine Familie. Neben den beiden eigenen Kindern, Caleb und Noah, unterstützen sie auch zwei Patenkinder. Natürlich in Ruanda. „Wenn ich in mein Leben schaue", so erzählt Vital, „dann kommt mir immer die Frage in den Sinn: Warum ich? Warum durfte ich studieren, warum konnte ich Dorrit kennenlernen, warum darf ich so viele Annehmlichkeiten hier in Deutschland genießen, warum geht es uns als Familie gut? Wenn ich in mein Leben schaue, dann erkenne ich Gottes Segen darin."

Daher war für Dorrit und ihn völlig logisch, dass sie selbst Patenkinder unterstützen. Sie sehen es nicht als selbstverständlich an, dass „Gott all den Segen in unser Leben gegossen hat". Heute hat Vital nicht nur einen Beruf, der ihm gefällt, eine Familie mit zwei eigenen und zwei Patenkindern. Er engagiert sich auch noch auf andere

Weise, um Kinder aus Armut zu befreien. Er wirkt im Aufsichtsrat von Compassion Deutschland mit. Außer ihm gibt es weltweit nur noch ein weiteres ehemaliges Patenkind aus dem benachbarten Uganda, dem das gelungen ist.

Ein besseres Leben für die Armen zu ermöglichen, ist für Vital eine Herzensangelegenheit. Aus diesem Grund hat er mit einigen Freunden eine Organisation gegründet, „eQuip Magu", und ein gemeinsames Projekt, das „Project Magu".

In seinem Heimatdorf in Ruanda möchte er für Elektrizität durch Solarstrom und für fließendes Wasser sorgen. 2019 hat er mit einigen Freunden damit begonnen und heute gibt es schon ein Solardach auf der Kirche. Auch die Grundstücke für ein Bildungszentrum sowie ein erstes Gebäude sind heute ebenfalls schon vorhanden. Die Solarenergie wird die Voraussetzung dafür schaffen, dass Computer im Dorf überhaupt denkbar sind. In der Planung ist zusätzlich noch eine Berufsschule.

Das Ziel des „Project Magu" ist, möglichst viele Schulen zu bauen. Diese sollen dann als Modell dienen. Außerdem sollen Online-Angebote geschaffen werden. Vorher muss aber erst einmal für Internet-Zugänge gesorgt werden. Die Kombination von Bildung und Technologie wird für die Menschen aus ärmsten Verhältnissen ganz neue Horizonte eröffnen.

Seit 2008 träumt Vital davon, in seinem Heimatdorf eine Berufsschule zu starten. Zehn Jahre später hat er begonnen, im Freundeskreis, in seiner Gemeinde in Stuttgart und darüber hinaus davon zu reden, was ihm auf dem Herzen lag. Durch einen Onlinekurs lernte er den Business-Coach und Buchautor Chris Haroun kennen. Der lebt in San Francisco. Später kam es zu einer Begegnung in Berlin. Vital redete über sein Dorf und begeisterte den Coach von seiner Idee. Und wie es so ist, Chris kam 2021 gemeinsam mit seinem Sohn Andrew mit auf eine Reise nach Ruanda. Sie besuchten das Dorf Magu, sind begeistert.

Die nächsten im Bund sind Jannik und Jessica Haenel. Vital kennt sie von der International Baptist Church in Stuttgart. Mit Jannik hat er während der Abschlussphase des Studiums ein Zweierteam gebildet. Sie haben sich gegenseitig motiviert und gemeinsam gelernt, obwohl sie unterschiedliche Fächer studieren. Seitdem sind sie gemeinsam für die Armen unterwegs.

Für Vital ist es selbstverständlich, dass er für die Menschen in seinem Heimatdorf sorgt: „Ich möchte ein Kanal des Segens und der Hoffnung für andere Menschen sein. So kann ich etwas von dem zurückgeben, was Gott in mein Leben gegeben hat."

23

Zum guten Schluss (ein Nachwort)

Geschafft. Ich sitze in Ruhe im Wohnzimmer und bin zufrieden. Einige Wochen habe ich gebraucht, um dieses Buch zu schreiben. Unzählige Gespräche, eine Reise nach Ruanda, sehr viel Recherchearbeit und das Ringen um die richtigen Formulierungen und viele Korrekturen liegen hinter mir. Grund, zufrieden zu sein und noch einmal darüber nachzudenken, wie es gelaufen ist.

Geschafft. Das wäre so die treffende Beschreibung, nachdem ein Buch geschrieben ist. Warum ist das diesmal so anders? Ich bin zwar zufrieden, aber trotzdem etwas aufgewühlt. Denke ich an die Zeit, aus der wir kommen oder in der wir gerade noch drin sind, dann steht mir die Wichtigkeit des Wortes „Versöhnung" glasklar vor Augen. Welche Diskussionen haben wir in der Pandemie geführt, wie viel Hass wurde erzeugt, mit welchen Verschwörungstheorien mussten wir uns beschäftigen? Dann kamen obendrauf noch die Diskussionen um unsere Haltung zu den Impfungen.

Vergangenheit? Nein, Gegenwart. Der Riss geht durch Familien, Ehen, Freundschaften. Der Riss geht auch durch christliche Kirchen und Gemeinden. Als hätten wir nicht ohnehin schon unsere Probleme mit Vergebung und Versöhnung. Ich erinnere mich an den Spruch, den mir mal ein Freund sagte: „Es gibt schon gute Nachbarn. Aber die meisten wohnen so weit weg …"

Frieden halten, Vergebung gewähren, Versöhnung lernen – das ist so schwer! Meine Gedanken führen mich tiefer: Wie sieht das eigentlich aus, wenn ich über Versöhnung mit mir selbst nachdenke. Versöhnung mit den vielen Fehlern in meinem Leben. Mit denen, die ich selbst begangen habe, oder den Fehlern der anderen. Freue ich mich auch darüber, wenn ich die Schuld nicht bei mir selbst suchen muss, sondern sie anderen in die Schuhe schieben kann? Den Eltern, den Geschwistern, den Lehrern, den Freunden, der Firma – Gott?

Mir geht der Satz nach: „Wenn Versöhnung in einem Land wie Ruanda möglich ist, dann ist sie überall auf der Welt möglich." Ich merke, dass der Inhalt dieses Buches über Vital, seine Familie und über Ruanda mich noch lange begleiten wird. Mir ist bereits während des Schreibens klar geworden, dass echte Versöhnung im wahrsten Sinne des Wortes „aus einer anderen Welt" kommen muss. Gott ergreift die Initiative. Er bietet seine Versöhnung an. Das ist übrigens zunächst ein einseitiges Angebot. Und hier beginnt mein Problem. Ich möchte doch stark sein. Ich will nicht „hilfsbedürftig" sein. Ich möchte nicht von jemand anderem abhängig sein.

Gleichzeitig merke ich aber immer mehr: Ich kriege es alleine nicht hin! Ich packe es einfach nicht. Ich kann mich nicht versöhnen, ich schaffe es nicht, anderen zu vergeben. Hier hat mich Vitals Mama unglaublich beeindruckt. Während sie mir erzählte, wie sie Jesus gebeten hat, ihr zu helfen, dem Mörder ihres Mannes zu vergeben, bekam ich Gänsehaut. Warum? Ich hatte durchaus schon andere Geschichten gehört. Aber hier habe ich gemerkt: Mama Vital möchte mir den Schlüssel geben. Den Schlüssel zur Versöhnung.

In jeder neuen Situation brauche ich diesen Schlüssel, um die Handschellen der Unversöhnlichkeit zu öffnen. Um endlich frei zu werden.

Deshalb sitze ich gerade im Wohnzimmer, um die geschaffte Arbeit zu feiern:

Mir ist bewusst geworden, dass die eigentliche Arbeit jetzt erst beginnt.

- Sie beginnt mit dem Brief, den ich schon längst hätte schreiben sollen.
- Mit dem Anruf, den ich immer wieder verschoben habe.
- Mit dem Blumenstrauß, den ich hätte schon längst auf die Reise schicken sollen.

- Mit der unbeantworteten E-Mail, in der ich schreiben sollte, dass ich vergebe.
- Mit den Vorbereitungen für ein überraschendes Abendessen, bei dem ich sage, dass es mir leidtut.

Zu dieser Arbeit gehört auch, dass ich Schritte der Versöhnung gehe, egal, wie schwer sie mir fallen.

Und es gehört dazu, dass ich Gott bitte, mir die Kraft zur Versöhnung zu geben und mein Herz zu dem werden zu lassen, was es sein sollte: ein Herz der Versöhnung, der Vergebung und des Friedens.

So sitze ich hier und merke, dass ich nicht sitzen sollte, sondern aufstehen und gehen. Die ersten Schritte auf dem Weg der Versöhnung liegen vor mir …

Kinder aus Armut befreien

Compassion Deutschland ist der deutsche Zweig von Compassion International, einem der größten christlichen Kinderhilfswerke der Welt.

Compassion (das heißt „Mitgefühl" und wird „Kompäschen" gesprochen) setzt sich seit 70 Jahren weltweit für arme Kinder ein. Wer mit Compassion eine Kinderpatenschaft übernimmt, hat einen Eins-zu-Eins-Kontakt zu diesem Kind. Compassion Deutschland ist eines von 12 Partnerländern, die in 27 Ländern Lateinamerikas, Asiens und Afrikas durch Patenschaften helfen.

Wir haben uns verpflichtet, den ärmsten der armen Kinder physisch, emotional und sozial in einem ganzheitlichen Sinn zu helfen. Wir glauben, dass es darüber hinaus das Beste ist, die Kinder mit Jesus Christus bekannt zu machen – denn das verändert ihr Leben nachhaltig.

Kontakt

Compassion Deutschland
Zimmermannstraße 2
35039 Marburg
Telefon: 0 64 21 – 30 97 80
E-Mail: info@compassion.de
Internet: www.compassion.de

Susanne Ospelkaus

Die Gewandnadel

Roman

256 Seiten, gebunden
ISBN Buch 978-3-7655-3664-9
ISBN E-Book 978-3-7655-7661-4

Nach ihrer erfolgreichen Autobiografie „Meine Reise durch das Trauerland“ erscheint nun von Susanne Ospelkaus ihr erster Roman „Die Gewandnadel“.

Der libysche Pfleger Yakob weckt bei Josefine (94 Jahre) die Erinnerung an die Liebe ihres Lebens als Rotkreuzschwester an der Afrikafront in Libyen. Nur eine Gewandnadel ist ihr geblieben. Eine anrührende Geschichte von unerfüllter Liebe, schweren Lebensschicksalen und der Suche nach der eigenen Identität.

BRUNNEN VERLAG GIESSEN
www.brunnen-verlag.de

Thomas Meyerhöfer

FOUND

Bis hierhin und noch viel weiter

336 Seiten, gebunden
ISBN Buch 978-3-7655-3663-2
ISBN E-Book 978-3-7655-7662-1

Thomas Meyerhöfer, bekannt durch seinen LifeHouseChannel auf YouTube und dem Talk-Format „Superfromm" bei Bibel TV hat nach seinem erfolgreichen ersten Buch „Lost. Bring mich heim – Sinnsuchergeschichten" nun eine außergewöhnliche Autobiografie veröffentlicht.

Ein Dialog zwischen Himmel und Erde – Thomas Meyerhöfer schildert in einem fiktiven Gespräch mit Jesus sein bewegtes Leben: Polizist, Pastor, Medienmensch – und eine schwere Depression. Ein packendes, faszinierendes Buch mit ungewöhnlichen Perspektiven, das ermutigt und herausfordert.

BRUNNEN VERLAG GIESSEN
www.brunnen-verlag.de